〝潜在意識〟を味方に自己実現！

# イメージ世界が第一の人生

池上悟朗

BAB JAPAN

# はじめに――本書の目的

最近の人工知能（ＡＩ）の発展は凄まじく、人間と会話できるコンピューターが実用化される時代ですが、私たち人間はいまだに自分の感情に振り回されて苦しんでいます。その手ごわい否定的感情は不必要なものではありません。そこから願いが生まれ、行動の動機もそこから生まれます。例えばライバルに先を越されて悔しさを感じると動機が生まれ、一層努力するでしょう。その繰り返しが人間の成長を支える大事な仕組みだと思います。

しかし、その動機の気分の悪さ、ハングリー精神を維持しても、その縮んだバネは解放されなければ何の価値も生みません。今、心が縮こまったまま、状況が良くなることをただ待っているのなら、そのままでは人間の潜在意識の保守的な性質から、限りある人生の大半を失うだけになるでしょう。それでは、心のバネを解放する方法とは何でしょう。そして確かに解放できたことを、どのようにして知れば良いのでしょうか。

私はもともと、目覚まし時計やトースターのような、家にあるものを何でも分解しては仕組みを観察するのが好きな少年でした。その後、間違って脳腫瘍の診断を受けるほど心を病んだ経験をして、いやおうなく興味は自分の心の仕組みに向くことになりました。イメージ世界と感情は、まるで確かなことがないように思えます。しかし、心を神秘の世界にとどめず、機械の仕組みを探るつもりで何十年も観察し実験し続ければ、そこには基本的なルールがあることがわかってきます。

本書の内容によって、心という神秘

心とは、つかみどころがないものと考えられている。しかし実は、機械のように仕組みがあった！

の神殿が、そのベールをはぎ取られてしまうように感じるかもしれません。それは心が神秘的なだけでは困るという私の事情によるのですが、心の謎はその方向性を変えるだけで、かえってその魅力を増すばかりです。多くの人はイメージにきちんとした役割があると思っていません。多くの人は確率でしか語れない不思議な現実世界に魅了されすぎていて、イメージの内容などただのまぼろしだと誤解しています。しかし、本当は現実よりもずっと信頼でき、頼りにすべきはイメージ世界なのです。

心は理解できない神秘の館だと思わせているのは、観念を守っている自分の潜在意識です。「手の届かない場所にある」という想定をバリアにして、変化を防いでいます。イメージ世界は現実と密接なつながりがあり、現実とイメージは一つのものの役割の違いです。そしてイメージ世界の役割とは、非常に扱いがシンプルな、ある意味、現実世界の操縦装置なのだと思います。どこが最も現実と違うのか、あえて言うなら「感情だけでコントロールする」システムだといえます。現実世界にある既存の論理はまったく役立たないばかりか、映像と言葉すらあてにできません。

これからお話しするイメージのテクニックと解説は、不思議なことに、皆様がずっと疑問を抱いていた非常に広い分野、例えば哲学、精神修養、道徳、自己実現、スポーツ、学習、ビジネスなどに関する心構えや奥義、また世界の各種宗教の教義と深い互換性を持っています。数ある秘伝や奥義と呼べるものも、それはもしかしたらイメージ世界の扱い方のことだったのかもしれません。

もう一つ、全体を通じて世界の主な宗教に共通な「利他の精神」についても、イメージ世界のルールから、結局そうなるしかないことを明かします。私たちの人生はもっとずっと優しく、思いやりに満ちた場所だと確信しています。皆様の人生に新しい可能性の大地が豊かに広がりますように。

池上悟朗

# CONTENTS

# 【解説編】

【実践編】

# 第1章

# 正しいイメージの心得

# イメージ世界にはルールがあった

忙しく現実世界を生きながら、現代人には時々「こんな人生を生きたい」という願いが浮かんでくると思います。するとなぜか、その直後に気分が悪くなり始め、心の中に、例えば「そんなことはあり得ない」というような言葉が浮かんで、意識が現実に引き戻されるようなことが時々起きるでしょう。

そのような「夢を見ることを許さない」現象は、潜在意識が変化を嫌う「現状維持」の性質から自然に起きています。一般的にイメージトレーニングは、理想の自分を想像すればいいと思われています。目標としたいイメージを見ようとすることには大きな意味がありますが、気分良くそのイメージを継続するためには、現実と違うイメージ世界のルールを守る必要があります。

私はそのように肯定的なことを想像しようとする度に、常に謎の頭痛に苦しみました。その後、数知れない試みの中で知った、その症状を回避するための条件、つまり気分良くイメージを続けるために必要なイメージのルールをこれから紹介します。これらのルールは、私の周囲の人にも共通であることは確認してあります。

本書は前半に具体的な「実践編」、後半にその「解説編」という構成になっています。イメージの操作の仕方を明かす本書の内容には、現実世界とは違うルールの理解が必要です。「実践編」で戸惑うことがあったのなら「解説編」を参考にしてください。

予備練習もその一部ですが、意味もなくホッとする方法「Qメソッド」がイメージには必要です。ぜひ正確に練習してください。なぜこのQメソッドが必要なのでしょうか。イメージ世界は論理ではなく「感情だけでコントロールする」ようにできています。この感情を必ず「良い気分」にするイメージであること。しかも、照明のスイッチのように「単純に作業として良い気分を選ぶ」方法が必要だからです。本書に、「観念」という単語が使われていますが、単に「強く記憶されていること」だと思ってください。

それでは、イメージ世界を旅するために必要な準備を始めましょう。

## 意味もなくホッとする方法「Qメソッド」予備練習

前置きはさておき、早速、イメージ世界を変えるための具体的な方法を練習しましょう。潜在意識を操るためにどうしても必要なエクササイズから始めます。

静かに座り、目を閉じて、下図のように頭の左右に手を挙げてください。そしてゆっくりと外へ向かって両手を広げたり内側に閉じたりしていきます。1秒に1センチくらいのつもりで非常にゆっくりと動作します。

①最初に両手を広げてみましょう。下図の左側のよう

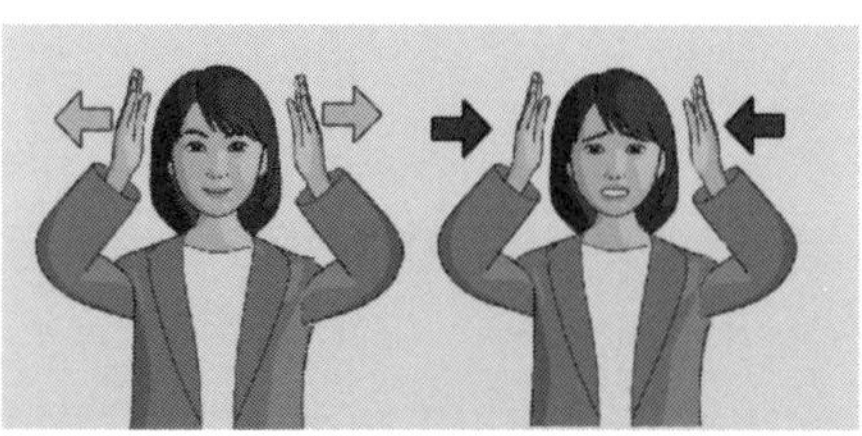

両手をゆっくりと広げたり狭めたりして、どちらの時に呼吸が深くなるか確かめてみよう。

に、ゆっくり3秒ほど手を開いたら、大きく深呼吸をしてみます。気持ちの良い大きな深呼吸ができると思います。

②では反対に、同図の右側のように、手を左右から狭めてみましょう。3秒ほど続けたら、深呼吸しようとしてみてください。①の時より、呼吸が浅くなるのがわかると思います。

③もう一度、図の左側のように、左右の手を数秒間開いて、大きく息が吸えるのを確かめてください。

これで、本書に必要な「理由もなくホッとできる方法」の予備練習は終わりです。本書の中で、また段階的に練習していきます。

さあ、イメージの旅へと出発しましょう。

## イメージの見た目と言葉には意味がない

最初にすべてのイメージの心得の中で、特別に重要なお話から始めます。イメージ世界と現実世界は、不思議なつながりはあるものの、まるで別の決まりでできた世界です。イメージといえば「映像」と「言葉」だと思われています。それがなければイメージなどできないと思うでしょう。しかし、信じられないと思いますが、「映像」と「言葉」は本来のイメージ世界には必要ないもので、それらがなくても成り立ちます。今はそれが奇妙に思われても、慣れると現実よりもイメージのルールのほうが単純でわかりやすく、現実もそうなってほしいとすら感じると思います。

例えば、「犬」という言葉があります。しかし英語では同じあの動物を dog と表します。誰も不思議に思わないのですが、よく考えるとでたらめな話です。言葉は「シンボル（記号）」といって、本当に表したいものそのものではありません。現実世界では他の人と文化的なコミュニケーションを取るために「言葉」が使われていますが、それは文化の発達以前からあるだろうイメージ世界には必要ないものです。

イメージの中の映像についても同じです。「シンボル（記号）」として有名なものに、トイレを示す男女のピクトグラムがあります。あのシンボルも大切なのはあの男女のデザインではなく、その中はトイレだということです。イメージの見た目である映像は、その中身を直接表してはいません。だから、大事な中身を直接表していない見た目の映像に、夢判断のような意味があると思ってしまうと、これからお話しするイメージの使い方が、確実な結果を

イメージ世界に出てくる映像や言葉にはあまり意味がないので、惑わされないようにしたい。

出せなくなります。

イメージ世界は、それらの「シンボル」を必要としない場所です。しかし、シンボルを使うことも、もちろんできます。時々わかりやすいように、練習としてイメージしてくださいとお願いしますが、何度か繰り返しているうちに、大切なのはイメージの見た目ではないとわかるはずです。現実に慣れている私たちは、イメージ世界を、映像や言葉が動く、現実世界と似たようなものだとうっかり思い込んでしまっているのです。イメージでは自分を想像する時、リアルな映像でも、ほとんど煙のようにしか見えないような映像でも、「自分のつもり」なら自分です。

イメージ世界の、真実を表さない「言葉と映像」に目を奪われないようにしてください。大事なのはその中身の印象が良いか悪いか、それだけです。その「印象」の中には様々な情報が混ざったものが入っていると思いますが、分析は無用です。私たちに必要なのはそのかたまり全体をそのまま気分の良いものに変えることだけです。分析すると意味が変わってしまい、その解決のチャンスを失います。イメージ世界では、「分ける」「切り離す」ことはすべて否定的な意味を持ちます。区別されてしまったものを「統合してゆく」「同じものとして扱う」ことが、イメージと心に肯定的な結果を得るための解決法です。

## 自分から外側へ向くイメージが重要

何か意図をもってイメージをする時には、Qメソッド予備練習の両手を開く練習を思い出しましょう。どんなものに対しても、自分から外側に向かって広がってゆくイメージしか、気分良く見ることができません。仏教においてよく「手放す」ということが大切だといわれます。反対に何でも欲しがるのは良くないとも教えられます。「手放して、しかも欲しがらない」まるで清く貧しくなるのが正しい生き方であるかのようです。

その通りだとすれば、私たちはどうしても願いが浮かんできてしまう自分を、否定し続けて生きなければならなくなります。その矛盾はイメージ世界と現実世界を混同していることから生まれています。現実世界では、何でも持ち物を手放すほど良いというのは無理なことですが、イメージ世界でなら「求めること」と「手放すこと」が矛盾せず気持ち良く両立できます。

例えば、川に掛かった橋の上に立っていると想像してみましょう。まず、上流へ気を向けて、川が自分に向かって流れてくるのを眺めてみてください。時々何かが浮かんで流れ下ってきます。自分に寄ってくるものを想像していると息苦しくなってくることがわかるでしょうか。これが「内向的」なものの見方です。知らない人々が寄ってくるイメージもわかりやすいと思います。

次に、川下へ向き直ります。自分から川がいろいろなものを運んで遠ざかってゆきます。これが「外向的」なイメージの見方です。集まった知らない人が帰ってゆく様子でもいいでしょう。内向的なイメージよりも、外向的なイメージを見ている時のほうが、気楽なことがわかるでしょうか。

どんなものを想像しても、自分から離れていく外向的イメージは気楽です。イメージの中で自分から何かを与えることは気分良くでき、外側から何かを受け取ることには気楽になれません。イメージトレーニングというと、望む様子を想像すれば良いと思われているだけですが、この例のように外向的なイメージに徹しないと、気分が悪くなってきて続けることができません。人が何かを強く欲しがる様は、嫌な感じがするものです。それは発想が内向的だからで、その時に私たちは興奮してしまい、周囲への配慮ができなくなります。それを周りの人が感じるのです。

映画のシーンでは、よく天に向かっ

イメージ世界では、川下を向くように、何かが自分のほうから外向きに流れていくように想像する。

て「私に◯◯をお与えください」と祈るシーンがあります。これはなぜかわかりませんが、イメージを快適にするためのルールと二重に間違っていることになります。それは外から見れば奇跡を信じる美しいシーンには違いありませんので、あくまでも、「自分のイメージ世界の中でしないほうが良い」とだけお伝えします。

一つ目の間違いは、イメージの中の神を自分の外の存在と想定していることです。それでは自分の予測できない外の都合がわかりません。例えば、外の神の怒りへの恐れも生まれることでしょう。イメージ世界では、「外」と想定したところからは何も得られません。そもそも「外」とは、「都合の及ばないところ」と想定されているからです。

二つ目は、何かを「ください」は向きが内向きです。自分に向かって寄ってくる。そんなイメージは内向的で、内容がどうであれ息苦しく感じ、集まってきたものに対して苦しくなり、気持ちが高ぶってくるのがわかるでしょう。そのような興奮状態になってしまったら、イメージの使い方としては失敗です。

イメージ世界では、常に外向的であることが大切です。例えば、仕事の成功や健康が私のところへ来てほしいと願うと、望みに反して、それが得られないようにしてほしいと潜在意識に依頼し続けることになります。「欲しいものがやってくる」という内向的なイメージは、繰り返すほどに潜在意識から嫌なものと記憶され、その後、無意識のうちにそれらを避け続けるという困った状態になってしまいます。

それでは、自分が欲しいものを得るイメージなどできないのではないか、と感じると思います。しかし、それは「自分が欲しいものを自分に与えるイメージ」で可能です。与えている側の自分の胸にイメージに与えた安心や満足感が直後にやってくるので、そのイメージが正しいことがわかります。気分が良くなるイメージとは、必ず自分から何かが遠ざかっていく（手放す、与える）イメージでなければなりません。

## イメージの自分に入り込まないこと

体を持った私たちは、ついイメージ世界でも現実のような体験をしたくなるものです。例えば、中世のヨーロッパの石畳の上を皮のサンダルを履いて当時の衣装を着て歩いている体験、それもイメージ世界では可能です。しかし、それが現実だと感じながらイメージに入り込むことは、本来のイメージ世界の使い方ではありません。

そのような、イメージに入り込んでしまっている見方は、自分で作った檻《おり》に自ら入ってしまうような視点です。それは、イメージ世界の観念（思い込み）を変更する能力をかなり失わせます。イメージ世界で不可能を可能にするためには、もっと広い範囲を見渡す視点で見なければなりません。例えば、テレビの画面を眺めているように、イメージ世界を俯瞰する視点です。

わざわざイメージ世界に、時間と空間の制限を持ち込むことに利点はありません。その視点の行動には、必ずその世界から何かを受け取るという「内向き」の出来事が起きてしまいます。それは現実世界で体験するべきことです。外向きに与えるイメージだけが肯定的イメージです。

時間や空間や重力の制限を受け続ける状況など、現実にいつも体験していることです。もし、自分にとても強いマイナスの観念があった場合、そこから否定的な感情を感じることがあります。その時、気がつくとイメージの中の自分に入り込んでイメージ世界を見ている自分に気づくかもしれません。潜在意識は、変化を防ぐ手段の一つとして、この自分中心の視点へ導きます。

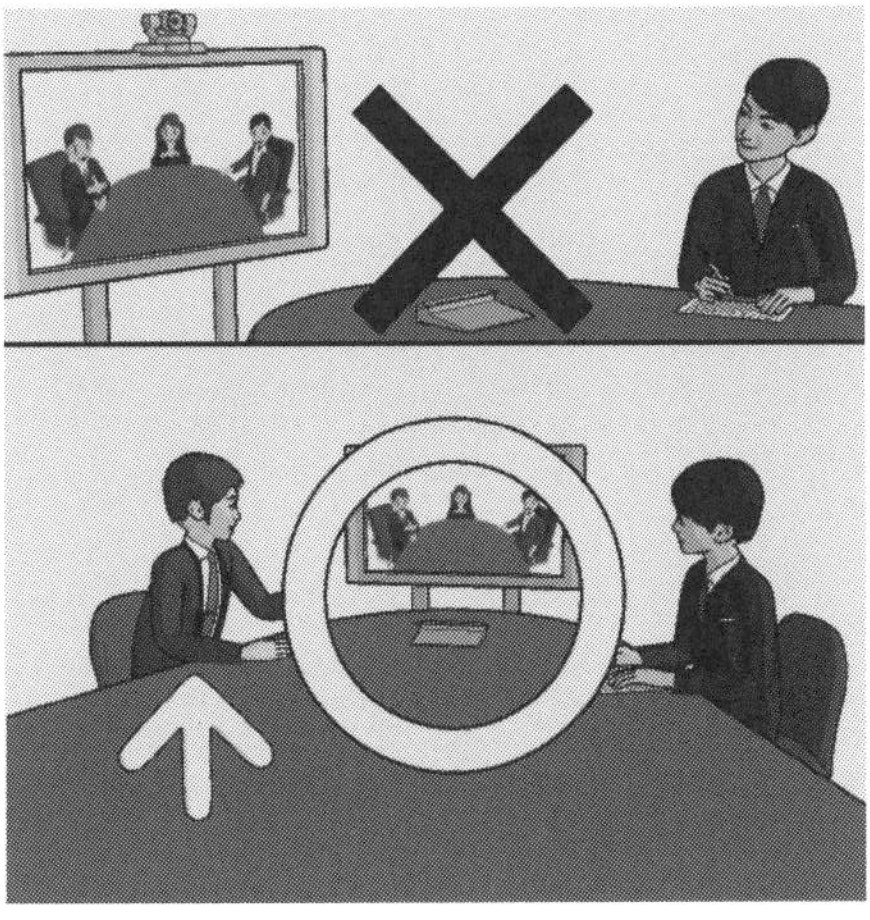

イメージ世界では、当事者目線になってはいけない。俯瞰的に眺める視点でこそ現実を変えられる。

例えば、周りから非難が押し寄せてくるイメージを見てしまったとしたら、うっかりイメージの中心に意識があります。そのイメージからは、その状況から逃れる道筋は見えてこないでしょう。それを防ぐためには、イメージの中に人物を想像する時、こちら向きか横向きに見ましょう。人物を背中から見て同じ方向を向いていると、うっかりイメージ世界に入り込んでしまうからです。

もし、ふと鳥かごの中から自由な外を見ているようになっていることに気づいたら、その度に何度でも、離れたところからそれを見ている視点に戻る決心をしてください。変化を嫌う潜在意識の使う技はたくさんあるのですが、本気で限界を超えたいのかをまるで試しているように感じる時もあります。この自分の中の意識と潜在意識のやり取りこそがイメージ世界を生きる醍醐味でもあり、おそらく数ある民話や言い伝えの発想の原点です。古くからある伝説はどれも現実離れしていますが、それはイメージ世界そのものです。

## イメージで他人に与えるものが自分の得るもの

イメージ世界では、何かを欲しいと思うなら、イメージの中の自分や他人（実はどちらも同じ意味になる）にその人の欲しいものをどんどん与え続けるしかありません。いつでも自分の体の外に人物をイメージしてください。「そこにいるつもり」で十分です。体の外に出すことによって、その人物に対して外向きに「与える」ことが可能になるからです。

ここで非常に大切なお話があります。もし大嫌いな人がいるとしたら、その人からの悪影響を解消するために何をするべきでしょうか。実は、「その人のイメージを祝福すること」です。イメージは見た目ではなくその中身だけが大事ですので、大嫌いな人の映像からその見た目を取り去ります。目隠しのカバーをはぎ取るイメージです。そこには自分のドロドロした不機嫌のかたまりがあります。そこにこそ、思い切りの愛を与える必要があるのです。気が済むまでそれができれば、人生が少し変わったことが実感できるはずです。

潜在意識下では、重要な部分を変化させないように、強い否定的な観念に近づきたくもない人の見た目を与えています。イメージ世界では、そのような目くらましにごまかされないことが大切です。しかし、幸せのためには、不機嫌のあるところに愛を与えることはいつでも同じです。イメージの見た目と言葉に注目してはいけないのは、このような理由です。

イメージで人に与えることは、「何も失うことなく無限に」できます。これは現実とイメージ世界の大きな違いです。その限界は、観念が想定しなければ存在しません。「人が欲しいものを先に与える」は、現実だと奇妙かもしれません。しかし、それによってすぐにでも、普段感じている不足感などが減り、充足感や解放感が増え始めます。

現実には、「欲しがるな」という教えがあります。しかし、イメージ世界ではいくら欲しがっても構いません。イメージの中のルールでは、「人に与えるものが、自分が得るもの」だからです。不思議な話ですが、それが、イメージ世界で自分を豊かにし、愛する方法です。

「私は素晴らしい」「私には価値がある」などと宣言するアファメーションをする時も、自分の中に気持ちを向けてはいけません。だんだん気分が悪くなり、その宣言と正反対のことを潜在意識が実行してしまうようになるからです。自分を高めようとは思わずに、イメージの中の人を助け続けるのが正解です。「あなたには価値がある」とずっと言ってあげ続けるのです。

「イメージするものが現実で手に入る」とする自己実現の書籍すべてに共通していることをご存じでしょうか。「すでにそれを得た時の感覚」を先に

イメージ世界のルールは「人に与えるものが、自分が得るもの」で、それが無限にできる世界。

感じることです。それがこの、外へ向かって与えるイメージで感じられるようになります。

## ライバルを祝福する

もし、周りの人を押しのけて独り勝ちしたいと思うなら、決して気分は良くなりません。それは本書後半の解説編で詳解しますが、イメージの中が全部自分だからなのです。「自分に勝つ！」とはよく聞くセリフですが、本当はそれもあり得ません。潜在意識に逆らって、自分を無理に行動させられる範囲は狭いので、疲れるだけでなく「嫌な気分になる機会が増える」という後遺症が残ります。これが度重なった結果が「燃え尽きた」という状態です。

仮に「自分は特別な人間だ」と思うと、とても爽快に感じるのなら、冷静になって、自分が潜在意識によって知らない間に興奮させられていないか確認してください。本当は「緊急事態」にあって、興奮が心と体を消耗させているかもしれません。

他人と自分を比較して優劣に分けることは、すべてが自分の一部であるイメージ世界では自己否定です。どう比較して自分が優位だと想定しようとしても、それが正しいと自分を正当化することにエネルギーの大半を使い果たしてしまいます。特別意識は毒なのです。

自分の独り勝ちのイメージを続けると、良くない予感（不意に機嫌が悪くなること）が増えます。それから逃げるように、毎回自分を奮い立たせて頑張ることになるでしょう。その興奮の結果、不適切な言動が増えるため、失敗が増えたり協力者を失ったりするでしょう。「盛者必衰の理をあらわす」とはまさにこのことです。他人の価値を認められないのなら、それはそのまま自分の価値も認められないということです。イメージ世界は全部自分だからです。

それでは、現実で競技として他人に勝つためには、どうすれば良いのでしょうか。

それはひたすらライバルの素晴らしさを賞賛し、自分より劣っていると感じていた人を励まし、他人の勝利を祝福することしかありません。その度に確実に「ホッ」とした気分の良さを感じ続けることから体が喜んで動いてくれ、限界を超えることができるでしょう。イメージの中では、いつでも人に与えるものが自分が得るものです。そして、心と体と出来事に影響を与えます。

もし、現実に落胆して、他人を祝福するどころではないと感じるなら、回避策もあります。解説編で述べますが、「イメージの神様」にライバルの祝福を頼んでください。あなたはただ「依頼するだけ」です。イメージの楽しみ方は、ルールさえ守れば無限に広げられます。

## 苦手な人はまず遠くにイメージする

潜在意識の中の観念を変えようとすると、潜在意識が変化を嫌う性質から「ここは変えようとするな！」と誰かに怒られているかのような強い負の感情を感じることがあります。ショックを受けたと表現する人もいるでしょう。もっと素敵な言い方なら「自分の中に悪魔がいる」とも表現できますし、そのような映像が浮かんでくる時もあるでしょう。しかし、見た目が重要ではないイメージ世界では、表現に工夫は要りません。

強い否定的な感情と何度も付き合ってきた私は、それにすっかり慣れてしまいました。今ではそれを感じることが半分楽しみでもあります。ショックと表現される強い嫌な感情も、全部自分の中で作られていますから、自分に特別な試練が与えられたと思わず、抵抗しないで受け入れ味わう勇気を持てば、それほど酷いものでもないとわかります。

恐怖も、自分の「外」から襲われていると想定するから、解決できないし怖いのです。イメージ世界に外はありません。負の感情は嫌うほど強くなり、愛するほどに弱まります。正の感情は愛するほどに強まり、否定するほどに弱まります。イメージ世界はとてもシンプルです。

それでは、非常に強い気分の悪さを感じた時に、つらさを軽くする方法はあるのでしょうか。イメージの中は時間と空間の制約は少ないものの、現実世界と似て、遠くと近くでは意味が多少違います。遠くに見えるものからの影響は小さいと想定されます。遠くではなく、相手を小さいものと想像する方法もあります。机の上にいる1センチほどの小人ならば、実際の人物より自分への影響は小さいと想定されるからです。

例えば、苦手な人を想像してみてください。会社の上司、あるいは両親が苦手、兄弟が嫌いということでも結構です。そのことで自分を責めている人もいるのですが、仏教ではそのことを怨憎会苦《おんぞうえく》（憎むべき相手と会ってしまう）といい、この苦しみからは逃れられないとしています。そのくらい普通のことです。

近くにその人がいるのを想像すると、すぐに気分の悪さを感じるでしょう。その人のイメージを、だんだん遠ざけていってください。だんだん楽になってゆくのがわかるでしょう。どのくらい遠くにいるイメージなら、楽でいられるでしょうか。数メートルという人もいれば、丘の上から向こうに消えてくれないと楽にならないという人もいます。その距離が、自分がつらさをあまり感じない範囲に入れば、イメージは扱いが簡単になります。

感情のコントロールは、うまくできたかどうかが、数秒間のうちに確認できます。つまり、たった数秒間を成功させれば良いのです。イメージ世界では、数秒以内に少しでも気持ち良さや解放感を感じなければ、そのイメージは間違いか失敗かです。成果を一定時間待たなくてはならない現実とは大違いです。

遠くに見た映像に対し、気分が良くなることに成功したら、うまくいったのかどうかを確かめましょう。先ほどの映像を、気分が悪くならない程度に

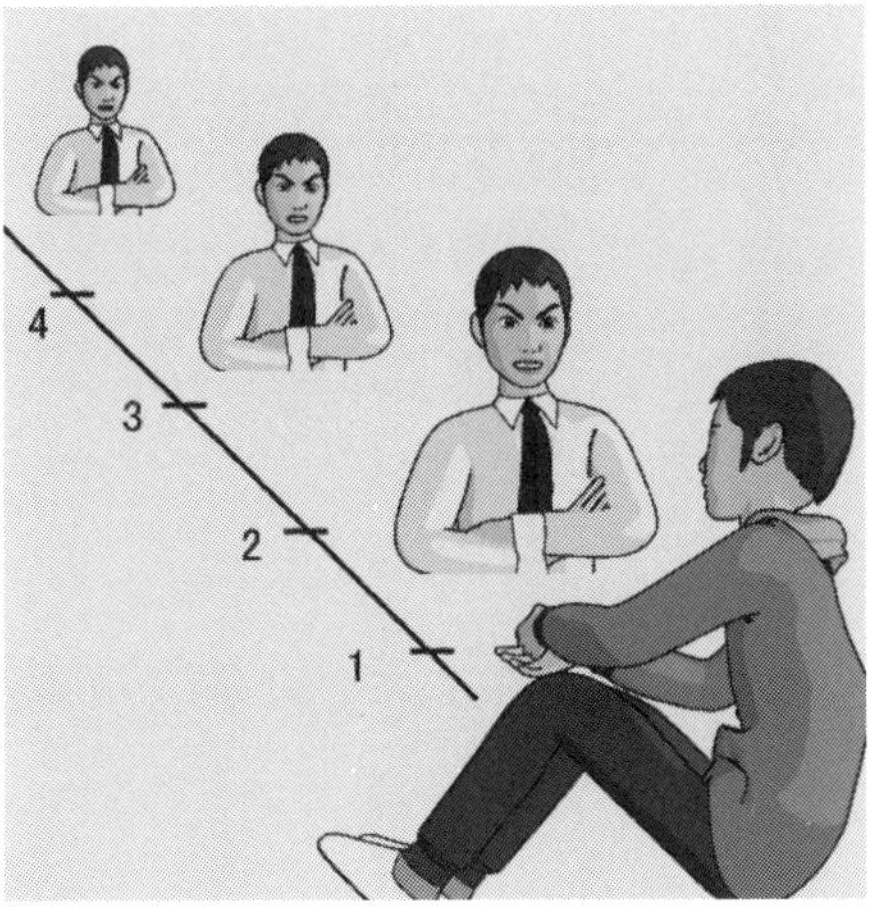


苦手な人は遠くにイメージすると気が楽になる。
気が楽な範囲で、少しずつ近くに見ていく。

近くに見てください。うまくいっていれば、距離を多少近くに見ても気楽でいられるでしょう。これに慣れると、数十秒から数分もあれば、イメージによって嫌いな人を好きな人に変えることすら可能です。

## 意味もなくホッとする方法「Qメソッド」①

イメージ世界を改良するための、大切な練習を始めましょう。最初にご紹介した予備練習もこのQメソッドと呼ぶ方法の一部です。心のコントロールの原則は、誰でも、もともと知っているのですが、その原始的な方法は無意識に行われています。それを意識的に使えば、感情（対象への印象）はいつでも変えられます。いくつかある方法から、効果を体感しやすい簡単な方法を練習しましょう。最初は、「気をつけ！」そして「休め」です。

まず立っていても座っていても良いので「気をつけ！」をします。体を硬直させて動かないでください。約5秒間。その間にだんだん息苦しくなってきますね。そして「休め」で体の緊張を解いてください。さあ、解放感を感じながら大きく深呼吸しましょう。ホッと楽になったでしょう。こんなことの何が大事なのかと思わないでください、この方法でとても大事なことに気づいてほしいのです。

「気をつけ！」をすると、とにかく苦しくなります。そこから体の力を抜くと「意味もなくホッとする」ことができます。もしもこの方法で嫌な感情の「原因」を考えずにホッと気が楽になったのなら、感情の解決に「理由」が要らなくなったという

「気をつけ！」から「休め」になった時、他に理由もなく「ホッ！」と気が楽になるはず。

ことです。

私たちの人間の感情は、おそらく言葉が発達するより前からあります。その解決に言葉や特定の映像が必要なわけがない、というのが本書の基本的考え方です。実際その通りで、心のコントロールに感情の原因を特定する必要は一切ありません。それどころか、言葉で自分の外側に原因を探すこと自体が、イメージ世界では、その改善を不可能とさせる否定的な行為です。

## 純粋で嘘をつけない相棒

イメージ世界は、全部自分の一部。そしてイメージの外は存在しない。その中のすべては、自分がどう「想定」または「○○のつもり」でイメージするのか、それだけでできています。これはとても大事なルールで、解説編でも詳しく述べます。イメージの中の会話は全部自分の意識と潜在意識だけの、つまり「独り言」です。あなたの友人を思い浮かべてください。その人と自分の会話を想像します。相手の人は友人ですが、実は「そのつもり」なだけで、その人そのものとはほど遠いあやふやな映像です。

自分の観念のフィルターを通してしか相手を認識できないのですから、どの人もイメージの中の人は自分の勝手な思い込みでできています。「彼は○○のタイプだ」と決めつけるようなものの見方でしか認識できないのです。その相手との会話をイメージしても、相手の受け答えを自分で「どうせこう言うだろう」と想定しているのですから、それは自分の勝手な独り言といえます。

そのように、イメージ世界は自分の勝手な世界であることが、実はとらえようもないと思われている心の想像の世界を、難しくするどころか、驚くほど便利で簡単な、非常に扱いやすい世界にしています。多少の慣れが必要ですが、現実のような面倒臭さに、逆に疑問を抱くほどイメージ世界は扱いに優れています。

例えば、現実世界で友人が浮かない顔をしているとしましょう。よく聞くと提出した企画書の評価が思ったよりも低いと嘆きます。何とか友人を喜ばせようと、知り合いの上司にその評価の低さについて質問し、何かヒントを得ようとしたり、次に提出する時に作文を手助けする約束をしたりするでしょう。これが現実の解決法です。

ところがイメージ世界は、もっとずっとシンプルです。例えば、家に帰ってきて友人を思い浮かべると浮かばない表情です。評価が欲しいと言っていたことを思い出したので「評価をあげる」ことをします。これでイメージ世界で友人にすることは終わります。あとはイメージの友人が満足するように欲しいだけの評価をあなたが与えればあなたも満足ですし、その友人をイメージしてもきっと笑顔です。現実世界からすると、イメージ世界はシンプルな世界です。

「評価を友人にあげた」というイメージには、何についてのどんな評価なのかは一切問われません。ただ、「評価」という抽象的で実態のないものを与えます。現実には意味のないことのように思われますが、「そのつもり」だけでできているイメージ世界は、何でもこれで済みます。

想定でできているイメージ世界では、「高い評価のつもり」は現実の高い評価と同じ意味です。それを得た時の感情として、現実とまったく同じものが得られます。とても単純でスピーディーです。それが現実にも良い影響を与えるのだったら、イメージ世界を使わない手はないと思います。

これをただの「自己満足」と思わないでほしいのです。イメージ世界は自由度の大きな、現実より次元が高い（抽象度の高い）世界です。現実の評価基準をイメージに持ち込むことは、自身に備わっている可能性を捨てる行為です。

次の練習は、結局これさえ継続的にイメージしていれば、自分の中に幸せが増え、現実にもその良い影響が得ら

次元が高いイメージ世界で人に（実は自分に）与えるものは、「高い評価」のように抽象的で良い。

れるというイメージの例、お手本です。もちろん、「できるつもり」で体験してみてください。

**目の前に自分をイメージしてください。細部は必要ありませんが、必ずこちら向きで対面してください。その自分に「何が欲しいの？」と聞いてみてください。相手も自分なので、言葉にならなくても欲しいものは即座にわかります。**

**そして、「欲しいものはこれだね」と見えない固まりをプレゼントします。その自分が欲しいものを受け取って体の中にしみ込ませるのを見届けてください。**

いかがでしょうか。最後に、体の中にしみ込ませることを見届けます。それはイメージの中で何かを渡す時、既存の観念と衝突すると、相手が受け取らないという現象がよく起きるからです。おかしなことのように思われるでしょうが、「幸せになってはいけない」「豊かになってはいけない」「人に借りを作ってはいけない」という観念は、本人が気づいていないだけで一般的によくあるものです。

今そんな観念は自分にはないと思う人でも、イメージ世界に慣れると、自分の内面に何が信じられているのかに気づけるようになってきます。イメージ世界の管理人は自分です。自分が望むペースを選べるので、急にそうなったら怖いという恐れは必要ありません。

イメージで何かを送っても、受け取りがされなければ効果も感じられません。信じている通りのことしか起きないイメージ世界ですから、映像を見て拒否されている様子なら、イメージの相手が「受け取れる」と想定を変更する必要があります。

とにかくあきれるほど観念に馬鹿正直な潜在意識との付き合い方は、何でもこの調子です。「〇〇のつもり」にとても厳密な、この純真で嘘をつけない相棒との付き合い方は、自分専用のゲームのようでもあり、とても楽しいものです。

# 考え事には話し相手が必要

一人で「考え事」をする時、どのように思考をめぐらしていますか。「これはどういうこと？」「どうすればいい？」と自分に問いかけているのではないでしょうか。その問いは普段どこに向かうのでしょう。私が聞いた限り、すべての人がその問いかけを自分の内面に向けています。

イメージの使い方で大切なのは、外向きに意識を向けていないと気分が悪くなってしまうことです。気分が悪くなるということは、イメージ世界では不可能を表し、「答えが得られない」ことも意味しています。

**問いに対して気分が良い＝答えが得られる。**
**問いに対して気分が悪い＝答えが得られない。**

これを受験勉強にたとえてみましょう。一見、不思議に見えるルールですが、「得意な教科＝気楽＝答えが得られる」これは普段から体験して知っていることではないでしょうか。内向きに問いを発していたのでは、ほとんどの人が自分の問いに対し、「答えが得られないように考えている」ことになります。これは大問題です。

これは実は、息子の奥さんであるMさんから聞いたことです。これには私も大いに驚かされました。Mさんはいつも問いかけを「イメージ上の他人」への相談事として行っていました。つまり自分の内面に聞くのではなく、外へ向かって問いを送るのです。そして相手の人（これも自分の一部です）が答えてくれます。答えるといっても、イメージ世界は独り言の世界です。「ああ、そうか」と言葉にせずに納得できてしまいます。

私たちの気づきはいつでもそのようにやってきます。イメージ世界の情報は言葉ではありません。「そうだ！」というような気持ちが感じられた時、情報はその中にすべて入っているのでしょう。言葉は非常に速度の遅い情報の伝達法です。「ああそうか！」の後に、言葉にしようとしている、ほんの限られた部分が意識の中にやってきます。言葉は現実で他人とコミュニケーションを取る時にだけ必要です。他人に説明をする必要もない自問自答の問いかけに、言葉が必要なわけがありません。

それにしても、これは何と理想的なイメージの使い方なのでしょうか。これなら、行き詰まってしまう状況にはなりません。自分が行き詰まるのではなく、ただ相手の答えを待っているだけになります。Mさん本人はそれが普通だと思っていたのですが、夫婦間で話しているうちに初めて違いに気づいたようでした。

問題解決の答えは、イメージ世界の誰かに「気分良く」問いかけることで得られる！

肯定的な結果を得るのなら、イメージ世界の誰かを必ず話し相手にしなければなりません。もちろん相手も自分なので、架空の人で構いませんが、答えが欲しいなら「気分が良い」ことが絶対に必要です。そのために、理由もなく気分を良くするQメソッドが必要です。この間違いを正せたら、それだけで現代の精神的トラブルはかなり解決されるかもしれません。

## 他人を憎むのは自分を憎むのと同じ

例えば、誰かを憎んでいるとします。ほとんどの人は、嫌いな人物が何人かいるのは当然でしょう。確かに、イレギュラーなことが起きる現実ばかりを見ていたらそうなると思います。しかし、体を持った嫌いな人、本人がその場にいないなら、そこはイメージ世界、自分が作っている個人の空間です。その中に憎む相手がいることは、自分の心の世界にその憎しみが悪影響を与えているということです。

イメージの中で他人から受ける気分の悪さは、即座に自分の体に否定的に影響します。つまり自分の心と体が大切なら、他人を誰一人憎むことはできません。憎むべき人がいるなら、試しにその人のことをイメージしてみてください。気分が悪くなると同時に体のどこかに痛みが感じられるのではないでしょうか。よくあるのは胃腸がキリキリ痛む症状です。私の場合はよく頭痛が起こりました。それだけで、すでにイメージの悪感情は、直接的に体に悪いことがわかります。

相手への憎しみが増すほどに、体に起きる不調は大きくなり、自動的に自分の体を傷つけ続ける仕組みが強固にでき上がっていきます。「人を呪わば穴二つ」といわれる通り、憎しみは直接自分への毒となります。イメージで見えるものすべては、自分の一部を表しています。潜在意識はそこに、記憶から憎しみの印象にふさわしい（もっともらしい）仮面をかぶせて映像にしています。大切なのはその見た目ではなく、その裏側に感じられるものです。

自分の気分が悪い原因を、短絡的に、その時浮かんできた人にしてしまうのはやめましょう。そこには何の救いもなく、自分の体や他の人間関係を壊す種になるだけです。潜在意識は「真実を教えてくれているわけではない」と思ってください。最近の人工知能（AI）と同じで、何でも知っているように見えて適当な部分が多いのです。あの人はこういう人だと勝手に思い込んでいても、まったく別の一面が見えて多くは誤解だったと気づくことは少なくありません。潜在意識の映像をそのまま信じてはいけないのです。

イメージ世界には、意外なことは起きません。現実世界で突然、心ない言

イメージで憎んでいる人は自分の中の一部だから、その感情が自分の心身を傷つけてしまう。

葉を浴びせられても、その時感じるものは、自分の潜在意識の記憶の中にもともとあるものです。そこに共鳴する観念がなければ何も感じません。「自分にないものは感じられない」のです。落ち着いて、自分が作っているイメージの中にどんな悪感情があるのか、確かめましょう。自分が意識的にイメージ世界を幸せにできた分、正確に現実世界の感じ方も幸せになっていることに気づくでしょう。

## 潜在意識にだまされないこと！

潜在意識というものは、徹底的に保守的です。そこに信じられているものを変更しようとすると、必ずそれを阻止しようと、あの手この手で意識をだまそうとします。心は複雑で難しいとよくいわれますが、それは肯定的なことを考えようとすると期待と反対に気分が悪くなってしまう不可思議な現象をいうのだと思います。しかし、それは間違いです。心は複雑どころか、反対に文明人には想像しにくいほど、単純なものです。

本当に自分を変えたいのなら、強力に観念を変えさせない潜在意識とのやり取りには決心が必要です。「やっぱりだめだ」と結論付けるほうが百倍簡単ですし、今まで通りの暮らしは安定的に続きます。しかしどうしても変わりたいと思うなら、潜在意識の挑発に力で対抗しようとしたり怒ったり嘆いたりした時点で、すでに潜在意識の繰り出す術にまんまとだまされていることに気づくべきです。怒りや興奮状態では心は変えられないどころか、否定的な度合いが増えてしまうだけでしょう。

浮かんでくる映像、言葉、体調（心因性の頭痛など）に目を奪われず、「穏やかに」「機嫌良く」自分を変えたほうが生きるのに有利だと提案し続けるのです。記憶はものの見方を固定化（以前と同じ印象を持つ）するためにあり、観念はその記憶が強固に安定化したものです。これらはそもそも、自分が急激に変化しないようにする門番ですから、くれぐれも頭に浮かぶ門番から送られた映像と言葉には影響されないように気をつけなければなりません。

Qメソッドが一切の言葉と映像を使わない方法なのは、この頑固で説得上手な潜在意識の影響を受けないためです。保守的で変化を嫌う潜在意識にだまされなければ、私たちの心の仕組みは単純です。感情が太古からあるなら、複雑なはずがありません。イメージ世界では想定（○○のつもり）だけで何でも可能にできますし、それが現実に影響を与えて、起きることの傾向が変化します。

本来一つしかない感情にたくさんの名前を付けて複雑にしたことは言葉の罪ですし、言葉を使って考えると、まんまと「変われない」という結論に誘導されてしまうでしょう。現実のやり方で賢く解決しようとして、反対に潜在意識の言いなりにされてしまいます。もっと原始的な会話、つまり説明したりせず、気分良く保って黙って態度だけで会話することが、最も有効な相手です。潜在意識は自分のすべてを知っていますから、自分と話すのに言葉は要りません。

潜在意識は、現実の状況から願い（目標）が自動的に浮かぶ度に、空間と時間の連続性に矛盾しない「根拠」を映像と言葉を使って穴埋めしてくれています。しかし、その時に使われる映像は、もっともらしいだけで、それ自体は特に真実とは限りません。例えば、脳裏に嫌いな人が浮かんできても、気分の悪さの根拠をもっともらしく穴埋めしてくれる、潜在意識の機能から出た仮の映像にすぎないのです。詳しくは解説編を参考にしてください。

## 自分が成功する必要はない

イメージを使ったトレーニングでは、「私」が目的を成功させるところを見ることが大事だと思われています。解説編にもありますが、イメージ世界の中は全部自分の一部です。その中では見た目（シンボル）が他人に見えても、その中身は100パーセント自分です。

このことから、イメージで目標を達成しているところを見る必要はなく、すでに同じようなことに成功している他人が生き生きと人生を楽しんでいることを気持ち良くイメージできれば、それで自分が成功するイメージをしていることになります。

自分がなりたいような人物がすでにいるのなら、その人がもっとうまくいって幸せでいるところをイメージしていれば良いのです。ただし、その時そのイメージをしている自分が「解放感」というべき広がった感覚を感じていることが絶対条件です。これは解説編で「ライバルに憧れる才能」として紹介しています。

この方法がうまくいくためには、自分のイメージの中は全部自分であること、独り勝ちはできないこと、他人に祝福を送ることなど、心得のすべてに納得することが必要です。この、他人の成功を喜び、さらなる成功を願う方法は、今そのことに成功していない自分が成功していく姿をイメージするよりもずっと楽でしょう。すでに事実となっているので無理がなく、非常に良い方法です。

反対にいえば、興味のあるジャンルに対して他人の幸せを喜べなければ、自分の成功は遠いという意味でもあります。企業のスローガンでは「お客様の笑顔が私たちの目標です」などと他人の幸せをイメージさせるものが多いですが、それはイメージ世界のルールと一致しています。

この、他人が成功しているイメージを見てホッとすることを繰り返して、起きる変化とはどんなものでしょう。それは「自分にもそんなことが起きてもいい」と思えるようになることです。それがイメージ世界の観念が変わった証拠です。観念が変わらなければ浮かんでくる発想は変わりません。観念が変われば、一歩目標に近づけたことになります。

## まずは抽象的な目標イメージで良い

潜在意識を賢い馬としたら、ジョッキー（乗り手）が自分の意識です。乗り手の仕事は潜在意識に目標を見せることです。すると潜在意識は、目標と現在地点を今までの記憶と矛盾しないようにつなげてそこに向かってくれます。詳しくは解説編を参考にしてください。

潜在意識は、現実のような品物や物理的状況しか理解できないわけではありません。自分の知恵のすべては意識ではなく潜在意識の中にあります。自分が理解できることは、すべて潜在意識は理解するということです。よく、ありありと本物そっくりのイメージをすることが大事だと思っている人がいますが、自分の一部どころか本体ともいえる潜在意識は、自分が何をどんな目的でどうしようとしているのかを、意識より先に知り尽くしています。

自分が何をしたいのかわからない、という人がいます。好きなことがない

潜在意識は賢い馬で、ジョッキーが自分の意識。
潜在意識にゴール地点を教えるだけで良い。

というのも同じです。イメージ世界は、その問いにきちんと答えてくれます。まず、何かをすることによって自分がどんな「感じ」を得たいのかを目標とすれば良いのです。

ぜひ目標として「抽象的な気分の良さ」を設定してください。満足している自分、愛でいっぱいの自分、喜びに浸っている自分をイメージして「良い気分を感じる」と、潜在意識は現在との隔たりを矛盾なく幸せに埋めるストーリーを作ってくれます。目標に気分の悪さを感じていると、潜在意識はその目標に到達できないルートか、そ

ゴール(目標)を「抽象的な気分の良さ」にすると、
そこまでの矛盾のない幸せなルートが現れる。

の目標から良くない結果を得るルートを教えることになります。気分が良いのか悪いのかで、リクエストの内容が正反対になることに気をつけましょう。

もし、浮かんできた行動が「衝動」といえるほど激しい感情を伴っていたら、一旦落ち着いて、もう一度イメージし直してください。興奮は機嫌の悪さですから、きっとそれは不適切なことです。潜在意識はそうやって機嫌を悪くして変化を阻もうとしてきます。自分の潜在意識を安心させてきちんと協力してもらいたいのなら、大切なのは気持ち良く気楽に目標をイメージすることです。「一生懸命」や「必死」という心の態度は、機嫌が良いか悪いかで結果が正反対になるイメージ世界では否定的なものです。

## 実は、持てる能力を制限して生きている

自分自身の機嫌がなぜ悪くなるのか、知っていますか。イメージ世界ではそれがはっきりしています。「自分を制限する観念があるから」です。それを許せれば、機嫌の悪さはその分減ります。完全に個人的なイメージ世界では他人の影響はゼロですから、自分で否定的な観念を許さなければなりません。両親からもらった観念の中には否定的なものもたくさんありますが。少なくとも生きられる実績のある観念ですから、財産だと思って、気に入らない部分だけ直してうまく使うことを考えるべきでしょう。ですので、目指す方向は人それぞれになるしかありません。

もし、なかなか夢が叶わない人生を体験している場合、自分の中に人生の可能性を狭めている観念が山のようにあるということです。生まれた時は生きるための能力をほとんど持っていない状態であり、そこから能力を付けてゆくという考え方が一般的ですが、それではやっと付けた少ない能力をわざわざ制限する仕組みが必要なはずが

ありません。

　ゼロから能力を付けていくのではなく、最初からすべてそろっているものを制限する仕組みだと確信するのは、何についても、ホッと否定の観念を許せれば楽になり、その途端にできても良い気になるからです。その可能性のフタになっている観念を、工夫して楽しんで解放するごとに人生の自由度が上がっていきます。つまり、私たちは何でもできる能力を持っていて、それを制限して生まれ、育つにつれて制限を解除しながら生きていることになります。

誰もが本来、無限の可能性を持つが、否定的観念がそれを制限してしまう。制限の解除を楽しもう！

しかもその能力を制限する観念は、その解消を楽しみと思わなければたまらないほど、たくさんあるのです。自分が今できないことの多くは、できるとも思えなかったので、始めたことさえないものでしょう。もしそのことに興味が持て、たくさんの時間を楽しくその練習にかけられたのなら、何でもできるのが本来の姿なのでしょう。なぜできると思えず、興味を持たないのか、そこに否定的観念が影響しています。

もともと持っているすべてが可能な能力を、押さえつけている観念を許し気楽にすることで、私たちは喜びを増やすことができます。最初にまったくない能力を、付けるほどに良くなるのなら必死に努力して、根性があればあるほど豊かな人生を生きられるのですが、それでは嫌な気分で制限を増やして倒れてしまいます。

そうではなく逆に、自分がもともと能力を持っていることを許して、制限を解除し続けるのです。そこを取り違えやすいため、心の問題は難しいと思われているのです。

【実践編】

# 第2章

# イメージの使い方、七つの手順

# 具体的な方法を学ぼう

ここまでで、イメージの使い方の心得をお伝えしましたので、イメージ世界で目標のために具体的に何をして、その時どんなことが起きて、どう対処するのかをお話しします。

今のままで現状維持をしたいのが潜在意識ですが、その逆鱗に触れてしまう「願い」が時々勝手に浮かびます。だから、幸せだという人でも時々気分が悪くなることは避けられません。

次の手順1は、意図的に目標を設定した時の手順です。今の気分が悪いことを解消したい人は手順2から始めてください。

## 手順1 目標となる状態をイメージしてみる

スポーツなら憧れる選手の動きをイメージしたり、自分が目標の記録を更新したイメージを見たり、してください。病気や健康問題の解決なら、元気いっぱいの人、幸せな人を想像します。そのように今の状況と違う目標になる映像を見ようとします。潜在意識は自分が何をしようとしているのかを全部知っているので、くっきりとした映像を見る必要はありません。この時すでに、自分の潜在意識は目標に向かって途中経過（解説編を参照）を組み立てようとしていて、その途中に障害物の観念があれば気分の悪さで知らせてくれます。

## 手順2　気分の悪さがやってくる

ここで急に不安になった人は、まず自分の体の外にこちら向きの人物を想像しましょう。今感じている通りの不安そうな人しか想像できないと思います。その人がホッとして気楽そうな様子を見ることができれば、不安は消えています。このまま読み進めてください。

手順1で意図的に目標をイメージした人は、潜在意識から信じていることと矛盾するという意味の気分の悪さが自動的にやってきます。もし、望む状態を実現するのは無理に決まっているという言葉などが浮かんでも、信じてしまってはいけません。ほとんどの人がこの時点で夢をイメージすることを諦めます。チャレンジをやめてしまえば楽になり、それは潜在意識の狙い通りです。

潜在意識が観念と今のイメージの間に矛盾を感じていれば、機械的に最も嫌いなものから順に何でも映像が浮かんできます。特に多いのは、嫌いな人の姿とその人とのエピソードだと思います。

しかし、短絡的にそれが気分を悪くしている原因だと思わないようにしてください。不機嫌の原因を自分の外の誰かのせいだと想定させて、観念を変更できなくさせる潜在意識のいつもの手だからです。きっと悪気はないのですが、意識からは必ず成長や夢の実現を邪魔している何かが自分にはあると感じます。

それほど観念を守ろうとするのは、それが変わると自分の行動が変わってしまうからなのです。もし今までの自然な行動パターンを変えたいのなら、ここから先の手順は避けられません。他人との戦いに相当な自信がある人でも、一番恐ろしいのは自分の中を見て、自分を変えることです。このチャレンジを放棄すればいつでも、潜在意識が安心して気楽さを得られます。いつでもリセットできるTVゲームのようなものですから、ぜひ取り組んでみましょう。

この後は、気分の悪さごとに、手順3、手順4、手順5のどれかを状況によって選んで実行します。イメージすることで生じた気分の悪さを気分の良さに変えれば、元の観念を望む方向へ変えられるのです。仕組みは非常に単純ですが、潜在意識を説得するには「愛情」がたっぷり必要です。

## 手順3　気分の悪さが軽い場合

軽い気分の悪さの場合、目標があまり高くないならこの方法で解決します。まずは一人の人物を少し遠く（2メートル以上）に、こちら向きか横向きにイメージして見ます。その人は「必ず」今の自分と同じ気分の悪さを感じています。今の気分と（中身が）同じものしかイメージできないからです。

その人に気を向けながら、気分の悪さを1分程度「味わう」つもりでいてください。そして「愛情のつもり」で何かをその人に送りましょう。ただし、「簡単に軽く」送ってください。気分の悪さが軽い時にはこれで解消できます。

## 手順4 気分の悪さが強い場合

気分の悪さが強く、今後に自信が持てないのなら、手順1に戻って目標を下げることも考えましょう。観念と新たなイメージの違いが少ないほど、気分の悪さが弱まります。急がば回れです。

気分の悪さが強いたった一つの理由は、「強く信じていることを無理なペースで変えようとしている」ことです。とても保守的な潜在意識は、たとえ「私は無価値だ」という不合理な思い込みでも、実績のある観念をなかなか変えさせようとしません。しかし、潜在意識を驚かさないように、優しさを忘れず徐々に変えれば、変更できない観念は一つもありません。

つまり、今安心できる範囲でしか観念を変更できないのです。現実では、このような時に焦って頑張り続けることもあるでしょう。しかし、それは現実にしかないその場しのぎの方法です。イメージ世界はそのような矛盾した行動を一切許さないので、自分の感情に対しては正直に徹することが必要です。できることはできる。できないことはできないと正直に認めないと、観念の変更はできないでしょう。

「自分に対して厳しいことは大切だ」という、潜在意識からするととんでもなく間違った思い込みは、すべてを困難にするでしょう。潜在意識、つまり自分の本体と戦って得られるものなど、あるはずがないのです。イメージ世界では、現実に大切なものと思われている厳しさや責任感、克己心などは否定的なものです。その代わり、自分に対する正直さと愛情が肯定的なものとして厳密に求められます。

強力な観念といっても単に記憶の一部にすぎないため、自分の名前を信じ込んでいる記憶以上の強さの観念はありません。私も名前の画数が悪いと言われて改名していた時期もありましたが、役者の「芸名」のように、一週間も新しいイメージを受け入れようとすればどんな観念も変えられます。ただし、その途中であきらめなければという条件付きです。言い方を換えれば「記憶の改ざん」ですから、多少の苦労は付きものです。

イメージする度に痛むが、それをやめると治るという不可思議な心因性の頭痛などに困った時には、イメージのルールからも、気持ちを外に向けなければ気分が良くなりません。「変えようとしているものは体の外にイメージする」ということを思い出し、数メートルの距離を置いて、優しさを忘れず、そこに何度でも無理のない範囲の目標をイメージし直してください。

## 手順5　気分の悪さが非常に強い場合

気分の悪さが非常に強い場合は、次のような方法があります。

・イメージする目標を下げて、余裕のあるところから始める。
・イメージを遠くに遠ざけて見て、余裕のある状態にしてから徐々に近付ける。
・リアルなイメージをやめて、ぼんやりさせる。

・目標をイメージしながら、Ｑメソッドを数分続ける。
・イメージの神（第7章で詳解）を想定して（呼んで）、問題の解決を人任せにする。
・イメージの自分（相手）に渡すものを、極小サイズにする。

このような方法で潜在意識との直接対決にクッションを置けば、どんな観念も変えることが可能な範囲に入るでしょう。難しく聞こえますが、要するに潜在意識を怖がらせなければいいだけなのです。これ以外に思いついた方法でも、結果を急がず徐々に変える工夫と根気があるのなら、どんな方法でも観念は確実に変えられます。最初はゆっくりとしか変えられなくても、途中から徐々にペースを上げられるようになり、二次曲線的にできるようになります。記憶を変えれば良いわけなので、その変化のペースは「学習曲線」と同じ反応になります。

私は10年ほど前、「記憶術」に興味がありました。試しに英単語を毎日１００単語ずつ、ひと月で３０００単語を記憶してみたのですが、その時、うっかり間違って別な意味を覚えてしまったものがいくつもありました。そして毎日約７００単語を復習し、間違ったままかなり強固な記憶になってしまったものもあります。観念を変えるということは、間違って記憶した単語の意味を入れ替えるのと同じです。新しい単語を覚えるよりも大変なのは当たり前なのです。

私たちがどこかで恐れている否定的な「暗示」や「呪い」なども、ただの観念のことです。イメージ世界で変えられないものはありませんし、恐怖があればそこに否定的暗示が見つかってしまう単純な世界なので、それらが隠れたままでいることもできません。もし暗示によって困ったことになった時、その気分の悪い場所の印象を良く変えられれば暗示も解けます。

もし今始めたことが「間違った方法だ」「無駄だ」という言葉がどんどん浮かんできても、軽く無視して自分を安心させてください。「時間が足りない！」と焦りを感じるように仕向けるのも、潜在意識の常套手段です。潜在意識がいつも現状維持のためにに使うそのような手段に、いちいちごまかされては自分を変えることはできません。言葉と映像は一切参考にしないことです。

潜在意識が邪魔するということは、今始めたことは「効果がある方法」で、放っておくと自分が変わってしまうと潜在意識が認めている証拠です。潜在意識とのやり取りは最高の知的ゲームともいえますが、何のことはなく、ペットのご機嫌を取りながら訓練するのと何の違いもありません。自分の挑戦をやめさせようと繰り出される技の数々も、愛犬がふてくされたり、嫌がらせしたりしていると思えば可愛いもの。そんな態度で潜在意識と向き合えば良いのです。

一般に「心の傷」と思われているものも、一気に変えようとしなければ自分で癒やせます。私は自分の経験から、心がイメージ世界のものなら、致命的な傷を負うということはあり得ないと思います。イメージ世界は想定の世界です。想定外の、「外の世界」はありませんから、何かの事件がきっかけになっても、その後に自分を強力に責め続けた強度だけが傷の深さを決めています。しかも記憶の強度は有限です。それがどのくらいのものなのか見届けるくらいのつもりなら怖いものはありません。ここで、少し勇気が必要です。

心を病んでいた私には、そのようなたくさんの経験があります。本書は心理学者が書いたものではなく、自分自身の心の傷を癒やす必要に駆られた当事者が書いたものです。自分を責めることが自動的に繰り返される状態を放置し続けても、身を滅ぼすだけで得るものは何もありません。心の傷といえるつらさを持つ人に、それは意思があれば自分で癒やせるものだとお伝えし、限りある現実の人生を少しでも豊かで幸せなものにしてほしいと願っています。

潜在意識はイメージ世界に意識が向かないようにして、体に痛みを作り出すことすらします。あらゆる手を使って観念を変化させないという潜在意識の意思表示に、必ず愛情をもって反対意見を言い続けましょう。その時に、協力者として「イメージの神」に頼む方法もありますので、解説編を参考にしてください。

## 手順6　自分を変えることはどのくらい大変か

自分を変えたいという望みはたくさんの人が持っていますが、それに必要な労力はどのくらいなのでしょうか。私と私のクライアントさんの体験からお話しします。まず、自分を変えるといっても、全体をすっかり他人のようにする必要はありません。

自分を変えるとは、「ある状況で自動的にやってくる反応を変える」ことです。例えば、人前で話そうとするといつも緊張で声が出なくなってしまう人なら、その現象がなくなれば自分を変えられたということです。これは自分の観念（強固な、間違いないと感じる記憶）を変えることでのみ実現できます。

観念は言葉で表されるものではありません。記憶のかたまりです。その一部分は他の観念と共有されています。だから、一度観念を変えられたなら、イメージ世界全体に影響します。よくこの観念をあえて言葉で「自分はダメな人間だと信じてしまっていること」と表現されますが、それほど構造は簡単ではありません。ただ、その扱いはシンプルそのものです。

自分が気づいている一つの観念（記憶の集合体）を変えたい時、Qメソッドで「いつでも意識的にホッとできる」のなら、一週間も必要ないでしょう。もし人前で話す恐怖に長年悩んでいたとしても、ひと月後のプレゼンまで十分間に合います。その後は一生平気になるということです。観念は一度変えられたら、勝手に元に戻ることはありません。

ただし、信じている内容を変化させようとすると、現状維持が仕事の潜在意識から、「絶対にできるわけがない」とメッセージが届くのがお決まりです。これは「さあ、始めましょうか」という程度の挨拶だと思ってください。他人のせいにしている部分は変えられないし、観念と戦うつもりでは逆に否定を強化してしまいます。浮かんでくる否定的な言葉と映像にだまされないためには、冷静さと、穏やかで優しい覚悟が必要です。理屈で勝負を挑んで勝てる相手ではなく、「情だけでコントロール」するのです。つまり冗談ではなく、本当に必要なのは「愛」と「勇気」です。

潜在意識の記憶を書き換えることは、世界一知的なゲームといえるでしょう。今まで証拠や根拠として頼りにしていたイメージ映像と言葉が一つも当てにできないのです。その上に体調まで相手に握られています。ルールの基準とゲームの見た目は、信じる内容が変わる度に変更され、頼れるルールはほんの少ししかありません。我慢と根性という「力技」は一切通用しないばかりか、状況が悪くなるだけです。さて、イメージ世界で自分を変える冒険に出る決心はついたでしょうか。

救いとなる情報もあります。自分のすべてを変えたいと強く願っていても、ある程度自分のことが好きだ、満足だと感じる機会が増えた時点で、早い時期に「動機」が減ってバランスが取れます。10回ほど観念を変えられたら、その状況でもかなり満足に生きられるのではないでしょうか。もし、過去の記憶からやってくる劣等感がすっかりなくなったら、世界観はどのように変化するでしょうか。ぜひ想像してみてください。

その後は、きっとイメージの冒険が好きになって、「何でも信じられるなら、自分は何をしたいだろう」と新たな好奇心にワクワクするに違いありません。おそらく自分は、感じていたほど不幸ではなく、幸せは意外に近いところにあると思えるでしょう。

## 手順7　潜在意識が仕掛けてくる手段一覧

賢い潜在意識が、急に観念を変えないように仕掛けてくる手段を一覧にしてみます。どれも体験したことのない人はいないのではないでしょうか。これらの技の一つにでもだまされてしまったら、あっさりと振り出しに戻されます。

しかし、この一覧の内容は全部「気分が良ければすべて起きない」と思えば非常に単純だとわかるでしょう。いつも気分良く保つことができれば、これらの現象は起きません。もしこのような現象を体験しているなら、自覚していないだけで機嫌の悪い毎日を過ごしています。

・機嫌を悪くさせられる（ここから、以降のすべての邪魔が始まる）
・「やっぱり無理だ」「またダメだ」「どうせ〜」という文句が浮かぶ（これは挨拶程度）
・他の楽しそうなもの、誘惑の映像が浮かび目標から気がそれる（受験生に漫画など）

・外部の○○のせいで機嫌が悪い、と人物や状況の映像が浮かぶ（恨みを外に持つように）
・不意にもっともらしい不可能を意味する言葉が浮かぶ（できるわけがないなど）
・機嫌が悪くなった理由が「そうか！」と思える理屈で浮かぶ（機嫌が悪いならそれは嘘）
・天罰、悪魔、その他、恐れているものが浮かぶ（祟りが怖い人に効果的）
・自分が他の人より劣っている証拠の映像が浮かぶ（自分には力がないと思わせる）
・目標をイメージしようとすると元気がなくなる（エネルギーが足りないと思わせる）
・今後恐ろしいことが起きる予感がやってくる（寒気がする、最悪の映像が浮かぶ）
・出る杭は打たれると思って怖くなってしまう（危ない橋は渡らない＝何もできない）
・過去の思い出したくない思い出が何度も浮かぶ（失恋が私をダメにしたなどと思わせる）
・後悔につながるストーリーが浮かび続ける（自分が悪い、しなければよかった）
・音楽のサビの部分がグルグル繰り返されて、思考が邪魔される（考えに集中できない）
・失敗する時のシーンが何度も浮かぶ（絶対にできないと最初から決められている）

・自分を変えたいと思う度に、体の不調を感じる（疲れ、頭痛、腹痛など何でも）
・興奮してきて、周囲との間に不適切な衝動が浮かぶ（暴れたり悪態をついたり）
・この現象を回避できる外部の人や教えを探したくなる（最初からどこにもいない）
・不意に眠くなってウトウトしてしまう（自分を変えようする度に寝てしまう）
・悪夢を何度も見させられる（不吉な夢をお告げだと思わせる、よくある技）

これらはほんの一例です。この現象はどれも、一般的な人が様々なことに「できない言い訳」として使っている内容ではないでしょうか、これらは自分だけ特別にやってくる謎の現象ではなく、誰にでもありふれたものです。今日からはこれらは歩みを止める理由として使えなくなります。

もしも自分の機嫌が悪くなってしまったら、このような「観念は変えようとしてはならない」という意味の、言葉と映像と体の症状、そして悪夢までが、次々と手を替え品を替えてやってきます。これらを想定内として受け流し、機嫌を良い状態に保ちましょう。その先にやっと観念は変えられます。Qメソッドのような作業的に気分を良くし直す方法がなければ、なかなか先に進むのは大変です。

リストに挙げた現象は、無理に力んで自分を変えようとする人に普通に起きる現象で、怖がる必要はありません。このような否定的な現象が起きているなら、願いが強く、観念に戦いを挑んで克服しようとしている勇者だといえます。決して弱気なのではありません。そうでなければ、観念を守る潜在意識から強い反発は受けないからです。

「やっぱり」「どうせ」という否定的な言葉は、とても不思議なことを表します。特定の人に何度も同じようなことが繰り返されるのは、現実がただの偶然で動いているならあり得ないからです。このような言葉は、潜在意識を恐れさせている証拠です。潜在意識に対する態度が強引すぎるのです。内向きのイメージで潜在意識を怖がらせると、自分に恐怖が戻ってきます。いつでも潜在意識に与えたものが戻ってくるのです。

観念を変えることは、基本的に潜在意識を敵にする行為です。急いで変えようとするとイメージや夢の中で見たくないものを見ることになります。今度の変更は安全で気持ち良く、恐れる必要はないと、怖がる潜在意識をなだめましょう。新たな目標の映像を、遠くからボンヤリと根気強く穏やかに見続けることです。相手は自分の本体ですから、自分を24時間監視していますし、何をしようとしているのかを全部知っています。挑んで勝とうと思うのは愚かなことです。「克己心」「根性」「我慢」で自分と戦うことは、現実に多少通用するだけの一時しのぎの方法です。

精神的に楽に生きるために簡単なのは、一切冒険せず初期設定の観念のまま、現状維持に満足して一生を過ごすことです。それはまったく正しい生き方で、これを貫いて幸せに生きることを提唱している人もたくさんいます。それが社会的に見てどうかと個人の幸せは無関係です。毎日他人の幸せを願い続ければ、与えるものが得るものなので心の安定は保証されます。

しかし、それが我慢ならないのなら、潜在意識と常に仲良くして何も強要しないと心に決め、親友として穏やかに自分の夢を語り始めることです。私たちは、今信じている通りの自分で一生を終えることになぜ疑問を感じ、無理と感じる欲求が浮かぶのでしょうか、それがなければ悩みや苦しみが半減することは間違いないのに。

【実践編】

# 第3章

# イメージを使った健康維持とスポーツ

## 薬ではなくイメージが必要だった

イメージ世界と自分の体は関係があっても、影響は大したことがないと思う人は多いでしょう。たかが「精神論」であると、心のことを持ち出すのは非科学的で恥ずかしく思う人はまだ多いようです。

イメージで将来の人生を変えようという大きな話よりも、信じている内容と体の反応はずっとダイレクトにつながっています。イメージ世界で行動して、体に変化がやってくるまで3秒もかからないほど直接つながっているのです。

体調不良を気にせず、機嫌が良い状態を保てるのなら、近々最良の結果がやってくるはずです。健康な人とは、健康を気にする必要がない人です。

もし健康面に問題を抱えているなら、まず現実とイメージ世界をはっきり別世界だと考えてください。現実で医師に必要な措置を講じてもらっているなら、体はプロに任せて、イメージ世界を自分の第一の人生としましょう。現実で何が起きても不機嫌な時は、自分の願いと観念の内容が食い違っているのです。しかし素晴らしいことに、イメージ世界には現実とまるで違う、個人的な解決ルートがあります。

自分の体が望み通りでない場合、今起きている問題が、イメージ世界では解決できているかどうか確かめてください。具体的には、すでに良くなった自分を想像した時、もう不調が過去のことであるような気楽な気分になれば良いのです。

反対にそのイメージに違和感があり苦しいなら、イメージ世界でトラブル

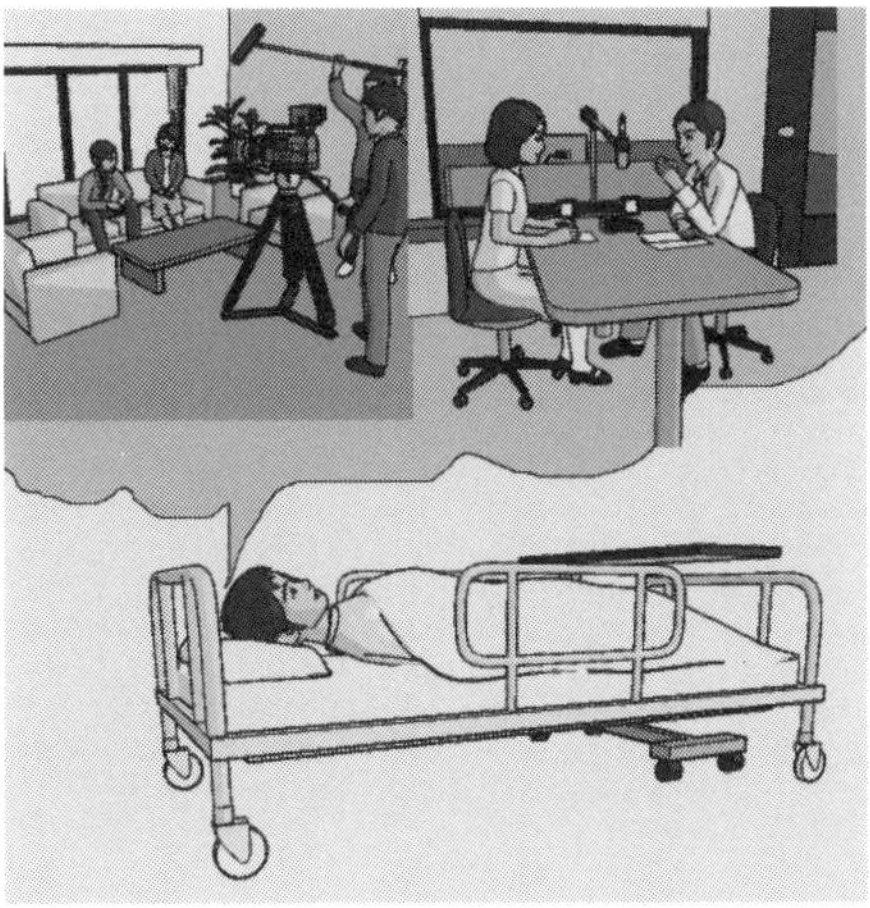

体調が良くない時も、自分の願いと観念を気分良く一致できれば、薬を遥かに超える回復力を得る。

が起きています。落ち着いてイメージ世界の中で、元気な自分を信じる心の作業をしましょう。症状はあっても気分が爽快そのものなら、それ以上に回復力が高まることは他にないからです。

今の状況を作っている否定的な観念を見つけるのは簡単です。体の状況にまとわりついている不安や怒りがそのまま答えだからです。それらがなくなれば、イメージ世界で健康な人と同じ状態になります。イメージ世界で症状の解決に必要なのは、外から与えられる薬ではなく、体のことを全面的に担当する自分の潜在意識を思いやる優しい気持ちです。

もし、現状がつらくてそんな気持ちになれないとしても、後の解説編に登場する「イメージの神」というヘルパーがいます。意識ではなく、潜在意識が自分の本体です。体に関するすべてを、潜在意識がイメージを使って選んだ通り、また、信じられている内容の通りに体をコントロールしています。現在の状況と違う「健康な自分を信じる」ことを、今日から新しい仕事にしていただきたいと思います。

## 意味もなくホッとする方法「Qメソッド」②

さて、理由なく気分を楽にする方法「Qメソッド」の二つ目を紹介します。二つの姿勢からどちらかを選ぶ練習です。

最初にまず椅子に座ってください。一度深呼吸をします。この深呼吸の深さが、些細な体の動きで変わることを体験します。体を左右にほんの少し傾けて、どちらに傾けた時に空気が肺にたくさん入ってくるのかを確かめましょう。

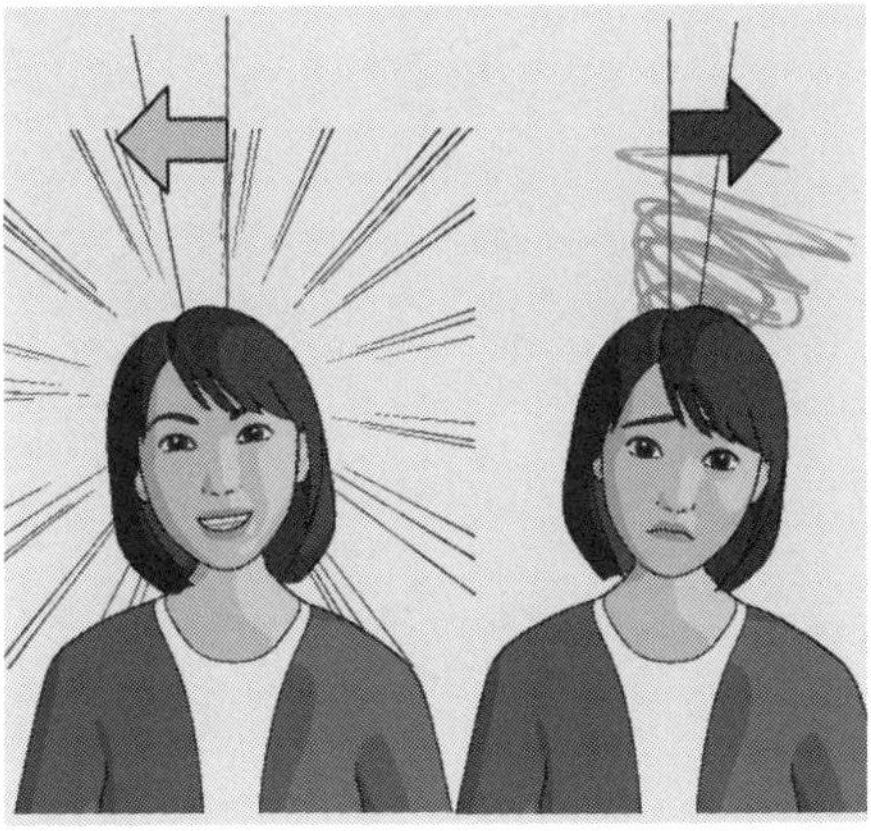

首をほんの少し左と右に傾けてみる。左右どちらかの時、呼吸が深くなり気が楽になる感覚を磨く。

まず右へほんの数度、体を傾けて思いきり息を吸います。次に左です。ほんの少し傾けて息を思いきり吸います。どちらのほうが、たくさん息が入ってきて楽でしたか？　私たちはほんの少しの動きでも、二つの動きのどちらのほうが呼吸が楽なのか区別できます。

これは一言で言えば、「疲れにくい人」になる練習です。この感覚を磨くと、今まで自分が常に現実と戦っていたことがわかるようになります。呼吸を殺して頑張る無駄な戦いをやめ、一瞬ごとに「呼吸が楽なほう」へ動くことで、ホッと体を緩められます。その度に少し精神的な余裕が増え、疲れにくくなるのです。

私たちはいつでも無意識に緊張しているため、自分で自分の力を出せなくしています。その証拠に「楽なほう」へ少し動くとホッとします。これは普段が「気をつけ！」に似た状態だということでしょう。

## 心の健康はダイレクトにイメージで

体の健康よりもっとダイレクトに、イメージできた瞬間に結果が得られるのが心の健康です。心はイメージ世界のものです。心の扱いが難しいと思われているのは、現実側のルールで心を見ているからです。その二つの世界はまるで別のルールでできているので、はっきり分けて考えれば、心の問題ほどわかりやすいものはないと思います。

それでは、心の健康にとって万能薬になるイメージは何でしょう。どんな映像でも構わないので、自分の体の外側に「自分」の映像を、こちら向きの状態で見てください。それが潜在意識の自分です。そこで分析してはいけません。その人の印象の中に観念のすべてが反映されています。

どんなイメージをしていようが、すべてが自分であるイメージ世界では、それは今のあなた自身を表しています。気分が良い時には機嫌が良さそうな自分、気分が悪い時には機嫌が悪い自分だけが想像できます。大切なのは、そのイメージの自分にどれだけ優しくできるか、良くないところを許せるかです。それも全部が自分だからです。

イメージ世界は「そのつもり」のイメージだけでできています。優しくする「つもり」ならそれだけでイメージの中で充分効果を出せます。「はい、あなたが欲しいのはこれだね」と「愛情」とか「許し」とか「注目」とか、何でも良いので軽くポイポイと、イメージの自分が満足するまで（体の自分の気が済むまで）気楽に与え続ければ、最初は何も感じなくても結局楽になっていきます。とても都合が良いのですが、外向きのイメージでは肯定的なことしかできないのです。

心はイメージ世界に属するもので、現実とは切り離すべきものです。現実の一部と錯覚していると、思い通りにならない現実に混乱します。いくら言葉を組み替え続けても、何も心の解決にはなりません。言葉になる以前に、すでに「気分」という結論が出ているからです。気分が悪ければそれが目標となり、言葉は最初から否定的な結論しか出せないことが決定しています。

例えば、ダイエットに成功したければ、まずイメージ世界で気持ち良くダイエットに成功することです。そうでないと自分の潜在意識に邪魔されて失敗します。現実世界では、できないと信じながら、多少無理して頑張ることもできますが、それだとすぐに限界がきます。

ダイエットのリバウンドは、潜在意識を納得させないまま頑張った結果です。体重のことで自分を責めて、恐怖として記憶させたために、怖がりの潜在意識がダイエットの「成功を避けてしまう」ようになった結果です。いつでも潜在意識を安心させるのが最も大事なコツになります。

## スポーツで効果を出せるイメージトレーニングとは

体の制御のほとんどを潜在意識がしているのなら、スポーツに正しいイメージトレーニングは欠かせません。イメージ世界での活動によってのみ「自分が信じていること」を変更できるからです。

自分が信じている内容に逆らって、根性や我慢の通用する領域はそれほど広くないので、すぐに限界を迎えます。それだと潜在意識が恐怖を覚えるので、かえってパフォーマンスを落とします。無理を感じながら現実で実行することは「自己否定」です。その結果は自身が摘み取らなくてはなりません。「根性論」は自己否定の強要です。

最も能率良く体を動かしたいなら、現実世界で行動する前に、まず先に結果を気分良く信じる必要があります。大切なことは、必ず「気分が良くなる」ことです。そのイメージに「解放感」がないのなら、その時点でイメージは失敗です。

最初に気分が悪かったイメージは、繰り返しているうちに自然に気楽になることはありません。だんだん気分の悪さが増して能力が落ちていきます。小さな変化でも良いので、必ず気楽になること。それだけは守らないと、良かれと思ったイメージトレーニングが成果から遠ざける「呪い」になってしまいます。

現実の練習では指導者との関わりがあり、気楽なだけではできませんが、まったく個人的なイメージ世界で気楽になってはいけない理由はありません。今当然できると思っていることをイメージしてみると、できることは「気楽」だとわかります。気楽でないのはできないという意味ですから、苦しくても頑張るのでは何事も可能にならないのです。

イメージはリアルに見る必要はありません。今できていないことを正確に想像しようとすると、かえって潜在意識からの反発が大きくなります。理想のタイムや理想の演技、理想の得点などのシーンは遠くで小さく見始めるのが良いでしょう。

そして気分が悪くならない程度に少しずつ、イメージを近くに寄せながら、

苦しんで練習してもすぐ限界はくる。理想の結果を「気楽」にイメージ世界でトレーニングしよう。

問題（嫌な気分のこと）解決をします。絶対に自分が許せるペースを超えてはいけません。その途端、逆効果になるからです。そのペースはどれほど否定的な観念が隠れているのかによりますが、一つ一つ、見えたものに対処するだけです。イメージ世界では一つ一つの努力はきちんと積み重ねられ、無駄になりません。いつ何が起きるのかわからない現実よりも、大きな信頼を置いてください。

スポーツにおいて難易度の高い技は、危険と背中合わせだと思います。しかし、怖がっているとすれば潜在意識が反対しているということなので、不必要に危険度が増しています。

イメージトレーニングは、楽しく演技できるまで、練習と並行して続ける必要があります。無理せずに、できても当たり前だから大喜びしないという程度のペースで、イメージ世界を変えていきましょう。最初から定まっていると感じていた限界が、徐々に溶けていくはずです。イメージで繰り返す速度は現実よりずっと速いですし、体の休息中でも着々と成功へ進み続けられます。信じることに成功した時の体の動きを楽しみながら。

## ライバルに憧れるスキル

スポーツの楽しみ方が基本的に競い合いである以上、大抵は自分より優れている人がいます。そのようなライバルにどんな感情を抱くでしょうか。もし嫉妬心しか感じずに気分が悪くなるのなら、自分の実力が伸びる可能性は低いでしょう。一方、ライバルの活躍に気分の良さを感じて静かにその喜びを味わえるなら、きっと今後の活躍を楽しみにされている人だと思います。

今、イメージの中でたくさんの人がいるのを想像してください。イメージ世界にあるものは、見た目に関係なく自分の一部を表しています。想像上の誰でも、見た目の映像を一皮むけばその中に自分の世界観が入っています。

イメージの中に、手が届かないと感じる優秀なスポーツ選手もたくさんいると思いますが、何と！　それらの人の中身は全部自分の一部です。世界一のプレーヤーですら、すでに自分の可能性として生きているのです。

お手本にするべき人は、イメージ世界では自分の中の優れた部分を表します。「イメージの神」（解説編を参照）も同じです。その素晴らしい部分に気持ち良く解放感を感じ、強いライバルに憧れることができるなら、その人に追いつける確信を感じていることでしょう。しかし、その時に興奮や熱狂を感じるのなら、それは否定的な状態を意味しますので、静かに素晴らしさを味わってください。

優れた人に気持ちを向けた時、もし気分が悪いなら、潜在意識の中で自分には無理だという想定になっていま

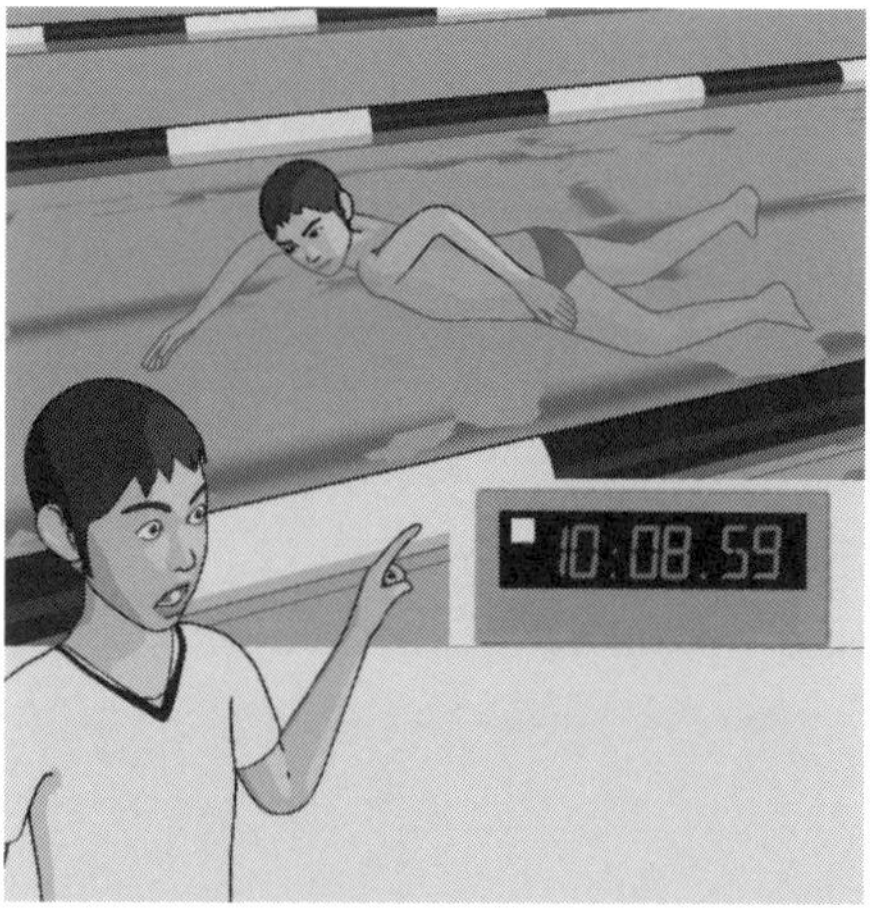


超一流の選手も実は自分のイメージ世界に存在する。気分良く憧れれば根拠なく自分がそうなれる！

す。一般的に嫉妬とはそのような現象です。その状態でいくら努力しても、自分の中の能力を認めていないことと同じです。すでに限界がきているともいえます。「相手を認めることはすでに負けていることだ」という教えは、大きな勘違いです。

優れた人に憧れることを習慣にしてください。するとイメージ世界にある素晴らしい部分が近い将来、現実の能力になります。不思議と「必ず叶うと感じながら」安心して努力できるようになるのです。きっと今よりずっと楽しく練習できるようになるでしょう。

気分良く憧れるほどに「あの人と同じところに立てることは決まっている」という、「何の理由もない自信」が現れます。それはイメージの中での理由は充分あっても、現実からすると根拠がないとされるものです。それが増してゆくのがイメージ世界の仕組みです。憧れの目標との間を自然につないでくれる潜在意識の働きによって、近々、必要な人間関係やアイディアが適切なタイミングで現実にやってくるはずです。

【解説編】

# 第4章

# イメージの人生とは何か？

# 誰もが二つの人生を生きている

あなたは、肉体を使って生きる現実の人生と、想像を働かせて生きるイメージの人生の二種類があることを意識したことはありますか。私たちは全員二つの人生を同時に生きているのですが、本書の主役であるイメージの人生は、現実のほんの一部、おまけ程度のものと思っている人がほとんどだと思います。

現実ではあらゆるものに「意識を向ける」ことができます。そして「意識的に変化させる」ことができます。そして「感じる（体験する）」ことができます。想像の人生の中でもまったく同じです。自分が働きかけて楽しめる人生は、現実だけではないのです。

私たちは現実の人生には詳しいと思いますが、イメージの人生について何を知っているでしょうか。いつも何となく見ているイメージを現実のように細部まで観察したことがあるでしょうか。きっと現実こそがリアルで、イメージ世界など取るに足らない幻のようなもの、睡眠時の夢のように意味もわからない脳の働きの副産物だと感じていることでしょう。

しかし、意識せずとも過去の記憶をたどっている時、イメージの人生を生きています。学校で何かを学んだり、テストで正解を探ったりする時も、イメージの人生の中にいます。空想にふけっている時、そのイメージが現実を変えていると思ってはいないと思います。しかし、イメージ世界での体験と現実世界での体験は、直接的あるいは間接的につながっています。

そのつながりを確認できるのが感情

現実の人生とイメージの人生は切っても切れない関係。イメージ世界は現実世界のおまけではない。

で、その次にわかりやすいのが体調です。その他の物理的な現実も、時間的な遅延はあるものの、他人からの影響と混ざり合いながらイメージ世界に影響されます。イメージ世界はつかみどころがないようでいて、実はしっかりしたルールがあります。

そのルールに従ってイメージの人生の中で行動すれば、イメージの人生が現実と切っても切れない深い関係にあることがわかります。イメージ世界は現実の小さな一部などではなく、現実と同等以上の大きさがあり、同様に変化し続ける「もう一つの人生」なのです。

## イメージと現実、二つの人生の関係とは

現実の人生とイメージの人生、誰もがこの二つの人生が関係し合っていることを感じているのではないでしょうか。アインシュタインは「私たちの現実は思考の産物で

ある」という言葉を残しています。また、ナポレオン・ヒルの名著『思考は現実化する』やヒックス夫妻の『引き寄せの法則』など、イメージが現実を作っているという内容の多くの書籍が存在します。イメージそのままが現実になるわけではないものの、私も現実はイメージ世界の影響を大きく受けていると思います。

例えば、スマートフォンなどの工業製品は、先に開発者のイメージになかったなら現実に存在しないでしょう。いつでもイメージが現実に先行します。しかし、もっとダイレクトにつながっていることがわかるものがあります。それは「感情」と「体調」です。これらをコントロールできたら、現実の出来事もそれに続きます。

私たちの二つの世界は観念がフィルターになり、信じた通りにだけ見える世界です。信じている内容や観念が変われば、見え方や受け止め方が正反対にもなるので、「真実」という固定されたものはどこにもありません。この観念の組み合わせの体系は「イメージ世界と現実世界、合わせてワンセットだけしかない」ために、イメージの中で気持ち良さを感じられるものは、現実世界でも快適に感じます。二つの世界は、この観念を共用しているのです。

「イメージによって現実に物質的な変化を起こせる」というスピリチュアルな考え方に共通した現実創造の条件は、「望みをイメージして良い気分を感じる」ということです。つまりイメージによって「良い気分を感じられなければ実現しない」といっているわけです。実際、現実世界でも良い気分とは可能性、愛情、感謝、成功など肯定的な事柄に伴うものとされています。

例えば、今現在で果たせていない望みがあるとして、それが叶っているイメージをした時、良い気分を感じられるでしょうか。実際に試してみましょ

確かに、イメージすれば現実化する。ただし、潜在意識の観念と一致して「良い気分」であるなら。

う。意外と簡単ではないことがわかると思います。私たちは今、自分が持っている観念に従って生きているのです。

イメージ世界のルールでは、観念と食い違うイメージに否定的な感情を感じます。すでにできていることをイメージしたなら、気分の悪さは感じないと思います。信じている通りなら、イメージも行動も楽にできるのです。観念は共通なため、イメージで観念を変えれば現実が変わります。それでは、観念をどのように変えれば良いのでしょうか。

## イメージの人生こそ信頼できる安定した世界

現実では、未来を正確に予測できる人はいません。もしそれが可能だったら占いや宗教もなくなります。しかしハプニングがなければ映画などのストーリーもできないため、現実の不確実性は重要なものです。それでは、イメージ世界はどうでしょうか。

　例えば、今から10秒間、道を歩いている想像をしてください。その間、おそらくハプニングは起きません。もし何か邪魔するものが登場したとしても、以前に見覚えのある状況でしょう。イメージ世界は、起きる出来事を完全に予測できる世界です。だから、自分が変化を起こせれば、その影響を安定的に上積みでき、そこから行動が変わります。

　イメージ世界は現実と比べて、時間

現実世界は不確実で予想外の出来事も起こるが、
イメージ世界は自分の中にあるため安定した世界。

と空間などの体が受けている制約が少ない世界です。その自由度の大きな世界でイメージ世界のルールを守って意識的にイメージすれば、いつものイメージを邪魔する力を消し去り、できなかった出来事を可能にできます。その時点で自分の判断基準が変わり、世界の見え方が変わります。

二つの人生では、いつでもイメージ世界が支配的です。保守的な潜在意識の働きによって、現実の体験から直接イメージ世界が書き換わることはないため、とても安定的な世界です。新たな現実を作り上げていくためには、この過去の変化（努力の結果）が固定される仕組みが、どうしても必要です。それがイメージ世界には用意されているのです。

## 自分の世界観と行動を決める潜在意識

私たちは意識的に自分のイメージ世界を変えることができます。イメージの中で「今と違う変化」を起こすと、潜在意識の中身が変わります。潜在意識の役割は、状態を安定的に「現状維持」することです。その変化で自分の記憶とイメージ内容が衝突する時、矛盾のサインとして嫌な気分が感じられます。

「潜在意識」というと、何だかよくわからないものに思えます。しかし、実は私たちが意識的にしていることなどほとんどないほど、普段は潜在意識にお任せで無意識的に生活しています。

例えば、いつも車で通勤しているとします。運転中にその日の仕事内容を考えていても、当たり前のように会社へ到着するでしょう。交通法規を守って安全に、五感で情報を適切に処理したはずですが、それらをいちいち覚えてないと思います。また、毎日多くの人と会話していますが、その話す言葉はどこからやってくるのでしょうか。

それらの意識されない部分をすべて行っているのが、潜在意識です。この、意識せずに自動的に行われる行動に変化をもたらすには、潜在意識に今までと違う新たな情報を与え、記憶させなければなりません。弱い記憶ならともかく、強固な記憶を変えることは、現実に身体を使って行動するだけではほとんどできず、ずっと現状維持が続きます。自分の性格や行動パターンはあまり急には変わらないのです。

強固な記憶を変えるのは、観念を変えることです。それは人生の「前提」を変えることになるので、非常に保守

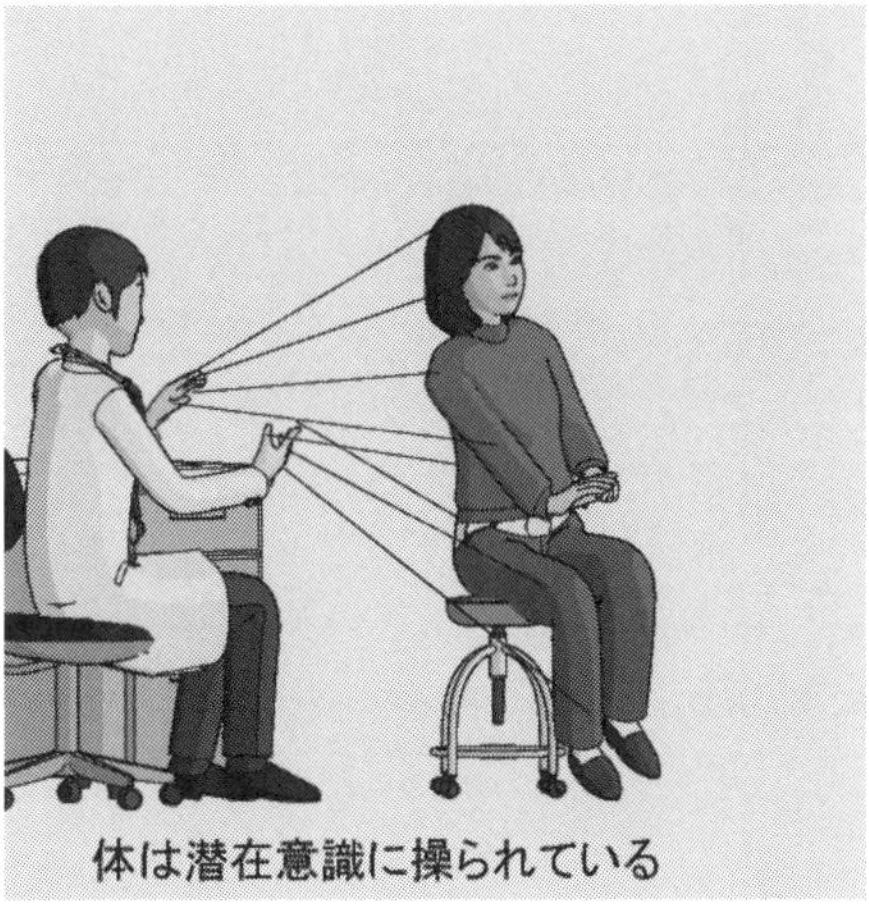


私たちはいつでも潜在意識に操られている。行動・人生を変えるには「観念」の書き換えが必須。

的な潜在意識はそれを嫌います。普段意識もせず「当然だ」と信じていることに気づき、希望するものへ変更するには、ノウハウが必要です。

今現在、自分の可能性はどれほどか、調べる方法は簡単です。自分の世界観がどれだけ愛に満ちた明るいものか、イメージの中を見回してみましょう。「いや、データ的にこうなってるから、世の中は悪くなる一方だ」と信じている場合、それが本当だったという体験をします。「いろいろあるけれど、幸せな人生だ」と感じているのなら、そのような体験が続くと思います。潜在意識は、自分の世界観と行動の基準を決めています。それを意識でコントロールするためのフィールドがイメージ世界です。

## 観念の初期設定はカスタマイズできる

私たちのイメージの中にある観念や信念は、この世に生を受けた時に初期設定がされています。私の場合、ものごころのついた頃から、世の中のほとんどの人は恐怖の対象でした。臆病な性格で、特に同年代の子供が近くに来る度に、建物の陰に隠れていたことを覚えています。私はそこがスタート地点でした。

子供の時からすでに現実をどのように感じるのかは定まっていて、その反応の仕方を性格と呼ぶのでしょう。おそらく、ほとんどの情報は両親から受け継いでいます。それが嫌でも、皆そこから始めるしかありません。両親が信じてきたことが気に入らなくても、少なくとも両親が生きてこられた実績ある観念ですから。例えば、立派なキャリアを積むことなど、命の維持以外のことは価値と思わない原始的な潜在意識にとっては、非常に優先順位の低いことです。

しかし、「世界の感じ方」は、不都合を感じるならイメージ世界で変更できます。初期設定の性格を一生そのままにする必要はありません。性格とはある物事に対して、心が肯定的に反応するか否定的に反応するか、その集計結果にすぎないのです。

ただ、その初期設定を嫌うと、否定が余計に強くなります。その否定をイメージのルールに則って、一つ一つ肯定してゆけば良いのです。初期設定は、意識が採用するかしないかを選択する以前からあります。自分で信じ込んだ記憶さえないため、より強固に自分の行動を判断する基準になっています。

「できるわけがない」となぜ感じるのか、その根本がこの初期設定にあります。潜在意識は、この設定のままで生きる、冒険しない選択を望んでいます。スマートフォンやPCも初期設定が気に入らないことは当たり前にあります。同様に自分の「性格」も、気に入らなかったらイメージ世界で観念という設定を変えてカスタマイズできます。謎の初期設定を変えることに慣れ、理想に近づく度に喜べば良いだけです。

## イメージ世界の管理者は自分

潜在意識を意識と同じ方向へ向かわせるには、どうすれば良いのでしょうか。現実の行動の中で、潜在意識の働きはほとんど知覚されません。意識しなくても自動的に行うことが潜在意識の仕事だからです。私たちの活動ではほとんど、いつものように自動的にうまくいったり失敗したりしています。また、自動的に戦ったり無自覚に避けたりしていきます。

イメージ世界の使い方を知らなければ、初期設定の成り行き任せで一生は終わります。不満なく幸せで、特別な目標もなければそれは完璧な人生です。しかし、私たちには望みが勝手にやってきてしまう性質があります。意識的にいつもと違うことをしたいと願うのです。これがすべての苦しみの始

イメージ世界の管理者は自分である。イメージ世界を思い通りに作ることで、現実世界も変わる！

まりです。それを解決するには、イメージ世界の使い方を知らなければなりません。

イメージ世界では、いつでも絶え間なく意識と潜在意識の対話が続いているのですが、私たちは対話は言葉だと思い込んでいますし、イメージ世界独自のルールを知らないので、この対話の場を意識的に利用できていません。

そのルールを覚えて、積極的にイメージ世界で潜在意識との対話を楽しみ、現実の邪魔ではなく後押しをしてもらいましょう。自分こそがイメージ世界の管理者ですから、イメージの人生の中なら、すべて思いの通りに作り変えられます。そして現実に変化が起きます。見慣れた現実の人生よりも、本当に優先すべきはイメージの人生です。

## イメージ世界こそが第一の人生

一般的な考えでは、肉体が活動する現実世界を生きることが真の人生だと信じられています。しかし、イメージの内容を変化させると現実の心や体にどのような変化がやってくるのか、私は半世紀にわたる観察を続け、次の結論に至りました。

おそらく、この現実の人生は私たちの第二の人生です。そして、イメージの人生こそが私たちが最も重要視すべき第一の人生なのです。イメージ世界で起こったことが現実の人生にやってくるという順番が本物だと思います。

第一の人生であるイメージ世界を幸せに生きるのが先です。そこで幸せを実現できれば、現実にも多少の時間差をおいて影響が現れます。どんな影響になるのかは、潜在意識の中身を把握しきれない小さな意識からすると「おまかせ」に近いです。おまかせの日替わり定食しかメニューがない食堂で、料理長の料理を褒めて仲良くし続けると、何となく好みのメニューが多くなった気がする感じです。もっとダイレクトに欲しいものが手に入るという話は、他の著書に譲ります。

料理長（潜在意識）に気持ちが届いているかどうかは、すぐ確認できます。料理に感謝する度、必ず数秒のうちにホッと呼吸が楽になるからです。その解放感が快適なほうへ進めたことを確約してくれます。もし、機嫌悪く「ありがとう」と言うように、ねじれた言葉の使い方をすると、料理長の機嫌が悪くなったことが数秒で確認できます。イメージの人生は時間と空間の制約がない効率の良い世界ですから。成功体験を何度か積み重ねても、現実の

第一の人生がイメージの人生で、第二の人生が現実の人生だった。まずイメージ世界での幸せが先。

時間はほとんど使いません。イメージの中では、気持ちの良さを感じたらそれは成功体験です。現実の体験と何も変わりなく記憶に残り、人生を変えます。

幸福感を得るのに何かを犠牲にする必要はまったくありません。いちいち対価が必要なのは本当に奇妙な現実世界です。イメージ世界では何の根拠もなくても、望めば無制限に願いが叶った時の幸せを感じられます。それが心と現実に必ず良い影響を与えます。人類の歴史は数十万年あるのに、イメージで良い体験を重ねるこの方法は知られていません。現実の成功体験を一回待つ間に、百回でも千回でも同じ気分の良さを体験できるのです。

## イメージ世界にはイレギュラーな事態がない

現実世界は例外だらけの世界なので、これから起こることを１００パーセント言い切れる状況も決定的な法則もありません。いつでも、何でも確率論になってしまいます。それが現実の面白さであり、奥ゆかしさであり、深さでもあります。しかし、イレギュラーが多く、予測できない不安定な世界を信頼し切るのは無理なことです。

例外がまったくないイメージ世界は、100パーセント信じて良い世界です。現実の周囲からの影響もありません。イメージ世界を信頼するほどに、現実に起きることを信頼できる度合いが増すようです。それはイメージの人生が第一の人生で、イメージが現実の

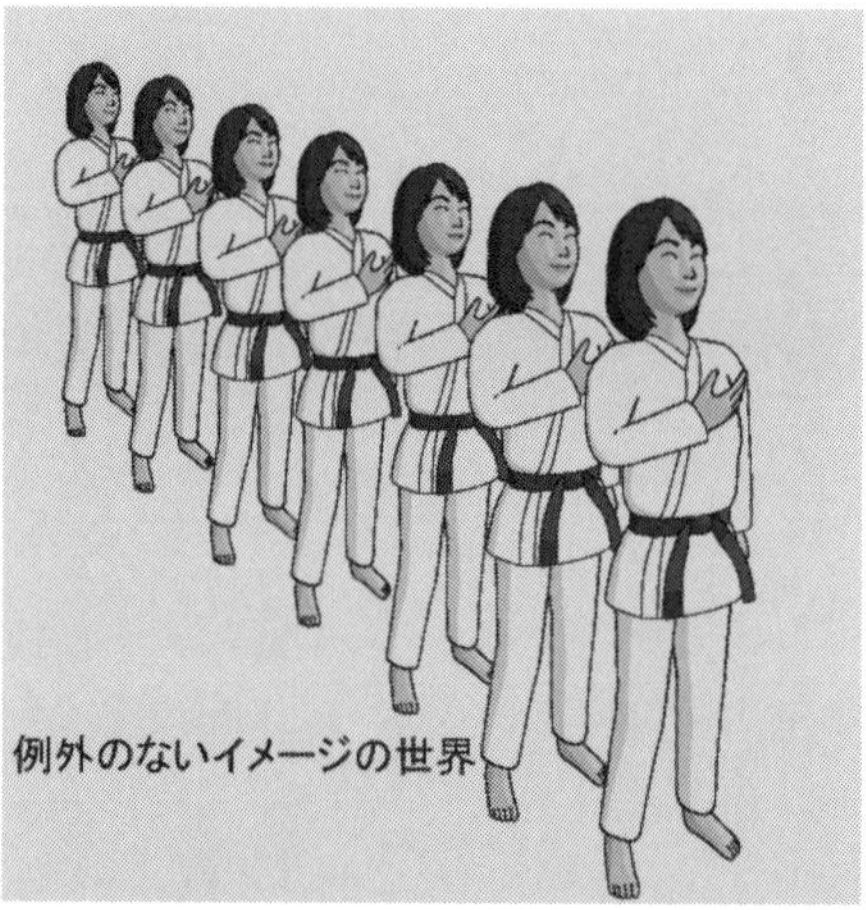


イメージ世界に例外はないので、100パーセント信頼できる世界だ。それが現実世界にも影響する。

元になっているからです。イメージ世界は現実につながりを持って影響していますから、やりがいは充分にあります。

イメージ世界の中に例外はありません。現実では変えられないと信じられている性格や運や才能やカルマ、呪いですらも、意識的にすべて変更できます。イメージ世界では、それらは単なるストーリーの一種にすぎません。多少手ごわい思い込みもありますが、新しく創作したストーリーを何度もイメージして体験すれば、以前信じ込んでいた内容と置き換わっていきます。ただし、解放感を感じながら作ったイメージだけが有効です。

自分のイメージ世界を開拓できるのは、自分だけです。意識的に変更したところ以外は、ほとんど以前からの惰性で安定的にその世界を作り続けています。イメージ世界は、ほとんどが生まれた時の初期設定のまま手つかずの状態で、注目されるのを今か今かと待っています。

# 時間と空間の制約もない積極的な世界

イメージの人生の生き方は蜃気楼のようなものではなく、とても具体的なポジティブなものです。現実のように、必死に行動して偶然の幸運を待つ必要はありません。現実でどんな状況にあっても、すぐにイメージ世界での幸運を自分から創作できます。時間と空間の制約がほとんどない世界ですから、現実に付きものの「タイミングを計る」必要がありません。

「言葉」と「映像の見た目」は、もともとシンボル（記号）としての仮の姿にすぎず、注目する価値はありません。その中身は、すごく単純な快から不快までの「印象」の集合体です。それが寄り集まることで複雑さを表現していますが、印象がたくさん集まった全体も、その扱いが基本の単純なものと同じです。どの内容に対しても、するべきことはまったく同じで構いません。その印象全体を良い気分で記憶するのか、悪い気分で記憶するかを選ぶだけです。

イメージ世界の中で、まるでゲームの世界のように「イメージの天国」を作り続けることを新しい趣味にできます。それはただの作り物ではありません。感情と共に記憶され、現実とイメージ共通の世界観が変わる本物のゲームです。

イメージに必要なツールと能力は誰でも最初から備わっているのですから、もっとそこにエネルギーを費やすべきだと思います。あてにできない現実で、ただ不安に駆られて走り回り、いたずらに時間を浪費しないほうが良いのです。

## 現実世界はイメージの成果を楽しむところ

イメージを楽しむには、イメージ世界のいくつかの前提とルールを守る必要があります。一生懸命にイメージするほど、期待と逆に気分が悪くなってしまう現象がありますす。私が人生をかけて取り組む必要があったのは、絶え間なくやってくるこの否定的な感情の理由とその解決法を知ることでした。

一生懸命打ち込むことが禁止されているかのような反応を伴う、謎の現象は確かにあります。この現象を回避してイメージ世界で変化を起こせば、その直後に現実のとらえ方が変わったことを確認できます。それで気分が良いのならイメージ世界の「成功体験」です。

具体的には、意識を向けたものの印象が以前より良くなります。たったそれだけかと思わないでください。様々な事象の印象が変わると、行動が変わります。話す内容が変わり、出かける場所が変わります。そして現実が変わります。観念が変わったということは、人生の目標地点が変わったということなのです。

そのように、イメージと現実の二つの世界には順序があります。私たちが現実の変化を体験するためには、信じている内容を無視したまま現実で苦しみながら行動するのではなく、イメージ世界で観念を変えて、そこから生まれた新しい発想に従って行動する順が正しいと思います。イメージ世界は他からの影響を受けず、原因と結果がはっきりしている信頼できる世界で、この中でだけ観念は変えることができます。

それでは、「現実世界」は何のためにあるのでしょうか。現実世界は、まったく個人的なイメージ世界と違い、他の人や物との関わり合いがあり、そのことで予定外のドラマが勝手に生まれてしまう世界です。

身体で行動しただけでは変えられない部分のことを、運、才能、性格などと呼んでいます。人間の基本的な生き方は、自由度の大きなイメージ世界を操作して変化を起こし、その結果をイレギュラーが多く、飽きることのない「不思議な現実」で楽しむことの繰り返しではないでしょうか。

現実世界は、イメージ世界での成果を楽しむところ。他人との関わりで不思議なドラマも生まれる。

【解説編】

# 第5章

# 古くて新しいイメージ世界

## イメージ世界はすべて「○○のつもり」だけ

ここで、次のことを試してみましょう。目を閉じて、目の前にこちらを向いた「自分」の姿を想像してみてください。仮に2メートルくらいの距離に見ましょう。その時の自分の印象が、自分について信じている内容です。その映像は自分だと感じています。

しかし細かく見ると、自分の最初のイメージには細部が何もなかったことに気づくと思います。自分のイメージがその程度のものですから、他人の姿などなおさら、「人間のようなもの」を想像して、その映像に「その人のつもり」という想定がなされているだけです。

ですから、イメージを見て「○○さん」だと認識しているわけではなく、「○○さん」という想定がそこにあるだけです。それがイメージです。想定とは「○○のつもり」だけだということ。その「つもり」だけでイメージ世界はできています。良い感じか良くない感じかという感情的な印象だけははっきりしていますので、イメージの中で大切なのは、その「○○のつもり」と気分の良い悪いだけなのです。

例えば、人でも人間の姿に見える必要はありません。私の子供のころの流行歌に「この花は私です」という歌詞がありました。例えば映画の中で、特定の人物が獣に姿を変えても、私たちは同じあの人だと思えます。石ころを車だとします。葉っぱはお金です。砂場がお店とします。子供の「ごっこ遊び」がイメージ世界だと思えばわかりやすいかもしれません。

イメージ世界を活用する時、大事なのは映像の細部ではありません。何に見立てても自由ですし、形がなくても構わないのです。それは普段からイメージの中で大事なのは「○○のつもり」だけだからです。

また、「これが私の思いです」「これが本プロジェクトの問題点です」「これがあなたの欲しいものとします」のように想定するだけで、あらゆるものが対象の意味となります。それは映像のできと関係なく、細かな解説も必要なく、どんなものにもたとえられるのがイメージ世界です。

現実でよく使われる比喩、たとえ話とは、イメージ世界のルールのことだったのです。「想定」だけで、現実に望む状況のシミュレーションが楽しめる場所がイメージ世界です。

イメージしたことを観念と照らし合わせ、潜在意識が「可能」と判断すれば「気分の良い解放感」を自分の意識に送り、「不可能」と判断すれば「気分の悪い閉塞感」が届けられます。そして、どの道が平坦でどの道が険しいのかがわかる、というゲームです。今まで通りの人生を生きるなら、「可能」と判断されたことだけ行動に移せば良いのですが、「不可能」を可能に変えたければ、覚悟と忍耐と、何よりも愛情が必要となります。

## 失敗イメージは潜在意識が反対している証拠

目標や夢は自分の願いです。スポーツを例にして、今現在できないことをイメージした場合、たいがい気分の悪さがやってきます。それは、潜在意識が可能と認めていないことを止めさせようとしているからです。体の機能を全面的に握っている潜在意識がオーケーサインを出していないのならば、狙い通りに体が動くわけがありません。

また、もし最近伸び悩みを感じていたりスランプで落ち込んでいるのなら、やみくもに体を動かすよりも、潜在意識から協力の了解をもらうことです。すると、望む体の動きを潜在意識が保証してくれます。

必要とあれば、潜在意識は自分を危

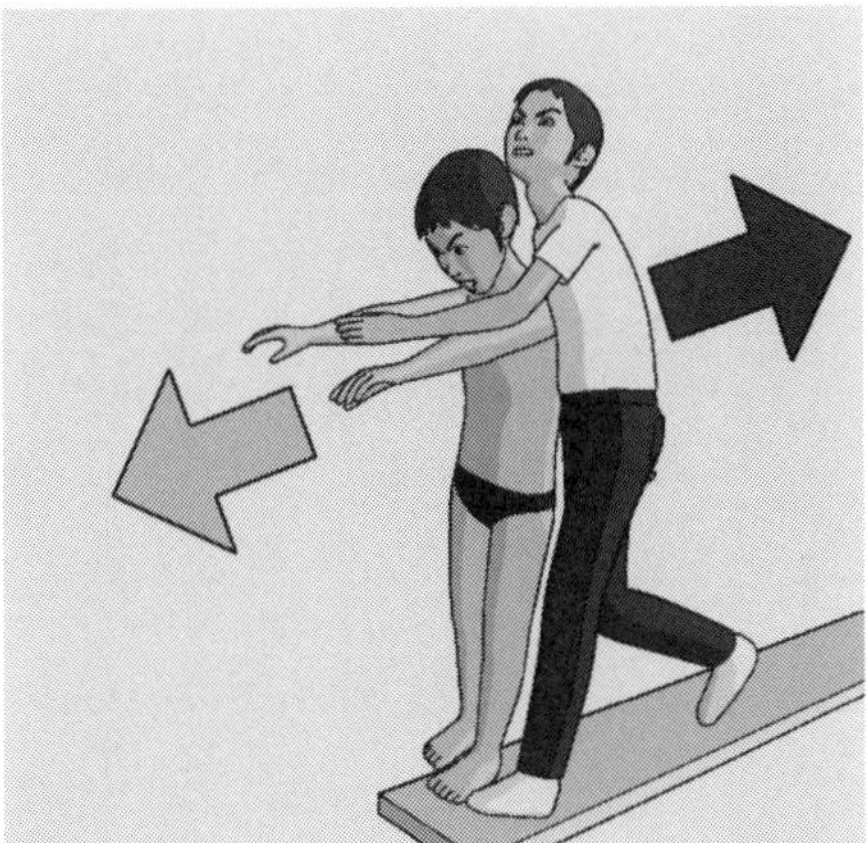

潜在意識は危険から遠ざけるのが任務。潜在意識からの後押しさえあれば、必ずうまく前へ進める。

険から遠ざけるために失敗をイメージさせ、否定的な言葉を連想させ、怪我をさせることすら可能です。スポーツに限らず、気が乗らない行動からはトラブルが起きやすいです。そうならないためには、落ち着いて、できるだけ、楽しみながら練習を積み行動するべきです。嫌な気分で活動するほどに潜在意識を怖がらせ、発揮できる能力が落ちてしまいます。それは自分の中に足を引っ張る悪魔がいるようなものです。

潜在意識の協力は、スポーツに限らずすべての仕事で重要です。潜在意識と常に向く方向を同じにしていないと、ビジネスにおいても、ここぞという場面で言葉が出なくなったり、大事な会議に遅刻してしまったり、仕事仲間に不適切なことをしてしまいがちです。

自分を責め続けて仕事をしたり、泣きながら根性で訓練を続けたりすると、実際には苦労するほどに人生観が暗くなり、失敗が増えてもっとつらくなってしまうのです。反対に、潜在意識が安心して後押ししてくれるように楽しんで仕事をすれば、思いもよらない方法まで発想できて、能力が発揮されるはずです。「好きこそものの上手なれ」ということわざは、気分良く続けられることは、潜在意識の協力によって必ずうまくできることを表しています。

## イメージに見えるものは全部自分の一部

周りの状況を眺めてみると、現実にあるものが見えます。家族の誰かがいるかもしれません。その人はそこに確かにいます。では今度は目を閉じて、今周りにいない人を誰か一人想像してみましょう。その時、自分の機嫌が良ければ、好きな人がその楽しい思い出とともに浮かんでくるでしょう。しかし機嫌が悪い時には、嫌いな人や思い出したくない記憶の情景が浮かんでくると思います。

それはずっと前から慣れているイメージの中の出来事、記憶ですが、実際には相手の人は目の前にはいません。イメージの中は、現実と同じ以上の大きさのある自分の世界観のすべて、人生を作り上げている想定のパーツのすべてです。その中に怒りを感じる相手がたくさんいるのなら、自分のイメージ世界の中は地獄だと想定しているのと同じです。必ず現実はそのイメージ世界観を反映している状況になっています。イメージ世界はあなたが持っている「印象」のコレクションです。

イメージで見えるものすべては、絶妙につながっている自分の一部です。その世界では想像できる限り何にでも命を吹き込み、愛情を注いだり、憎んだりできます。イメージの中の何かを愛している時、自分のその部分を愛していて、その部分に祝福を与えています。想像の中の何かを憎んでいる時、自分の一部を憎んで傷つけているといえます。

つまり、イメージの中で飼っているペットを愛している時は、元気になっているのです。「その子から元気をもらった」と表現できますが、イメージ世界では決して自分の外から元気をもらうことはできません。自分は、何にも依存する必要がないイメージ世界の管理者です。不思議なのですが、自分の体のエネルギーは、自分で与えるのがイメージ世界の決まりです。他からやってくるのを待つのは、制約の多い現実世界だけです。

現実世界では、自分と関係ない人たち、自分とは違う人たちがたくさんいると思います。しかし、イメージ世界では全員が自分の一部です。もしイメージの中にダメな人間がいるとしたら、自分の中の愛情が足りない部分を表しています。自分の中にそのような弱くて小さい部分があるという証拠が、イメージの中のその人なのです。反対に信じられないくらい魅力的な人も、イメージできるなら自分の一部です。自分の中にないものは映像として現れません。「ないものは想像できない」仕組みだからです。

イメージ世界に出てくる登場人物、物事のすべては自分の一部だから、それらに愛情を与えよう。

イメージ世界では「そんなものは自分ではない！」とはいえません。想定できたイメージに外側はないのです。イメージ世界の中にあるすべてを愛してください。それが自分を愛する具体的な方法です。

よく「自分がわからない」というセリフを聞きます。しかし、目を閉じてイメージの中を見ると、その世界のすべてが自分です。自分とは生きているイメージ世界の世界観そのものであり、言葉で固定的に表せる存在ではないのです。

## 意味もなくホッとする方法「Qメソッド」③

**静かに座り、目を閉じて、頭の左右に手を挙げてください。そしてゆっくりと外へ向かって両手を広げていきます。数秒後に深呼吸してみます。**

**その次に、手の動く向きを反対にして、内側へ向かって両方の手を狭めてゆきます。そして数秒後に深呼吸です。**

**どちらも非常にゆっくりと動作します。これは巻頭の予備練習と同じ方法です。1**

秒に1センチくらいのつもりで、極々低速で行います。

①最初に両手を広げてみましょう。ゆっくり3秒ほど手を開いたら、大きく深呼吸をしてみます。気持ちの良い大きな深呼吸ができると思います。

②今度は、反対に手を左右から狭めてみましょう。3秒ほど続けたら深呼吸してみてください。①の時よりも呼吸が浅くなるのがわかると思います。

③もう一度、左右の手を数秒間開いて、大きく息が吸えるのを確かめてください。

イメージを使う方法の一部としても、この練習をしま

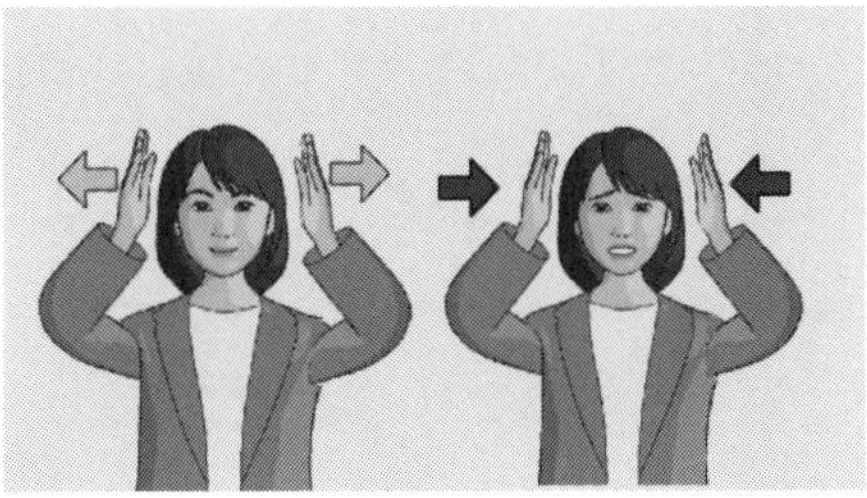

動作はP.14と同じ。両手を開く時は呼吸が深くなるだけでなく、浮かぶ思考もポジティブになる。

しょう。イメージの中で、外界と自分に境目があるのを想像してください。「そのつもり」なら良いのです。その境目が、全方向に1秒に1センチくらいずつ、ゆっくりとじわじわ広がり続けているつもりになります。これは他のことをしていても止まりません。目を閉じて1分ほど続けます。

その間、ずっと呼吸が楽で、気分が良い状態が続くと思います。この手を開いていく方法と、イメージでじわじわ広がっていく方法、どちらにも共通の大事なコツは「極々ゆっくり行う」ことです。ただし、どんどん大きくなって宇宙まで広がるイメージを行うと、逆に気分が悪くなる可能性があります。潜在意識は急激な変化を恐れるからです。

この練習中は、気分良く肯定的なことだけが浮かんでくるでしょう。もしも、ネガティブなことが浮かんできたなら、うっかり内側に縮んでゆく練習をしてしまったということです。ポジティブ、ネガティブの思考とは、言葉の定義を考えることではありません。「自分が大きく広がるつもり」の時に浮かんでくる言葉や映像をポジティブ思考といい、「自分が小さく縮むつもり」の時に浮かんでくる思考をネガティブ思考と呼ぶのが正確です。

## 自分のイメージは誰にも侵せない

現実世界では、他人にだまされたり大事なものを奪われたりした話を聞きます。私も詐欺に遭ったことがあります。しかし、イメージ世界は違います。たとえ体の自由が利かない状況でも、意識さえはっきりしていればどんな活動でもでき、次の現実を作れます。

信じることを他人と競うことはできませんが、信じられたことに気持ちを向けるとホッと大きな解放感が感じられるはずです。信じていないことに気持ちを向けると、嫌な気分になります。イメージを楽しむ権利は状況によらず、誰からも侵される心配はありません。

これは反対にいえば、すべて自分で責任を負っていることになります。つまりイメージ世界の出来事は、どんなに苦しくても、他人のせいにも状況のせいにも社会のせいにもできないのです。イメージの中の反応で、自分以外の人が関わっているものは一つもありません。だから、すべてが意識的に変えられるものでできています。

私のところに精神的な悩み相談に来られた方に、必ずお伝えしていることがあります。それは「心を解放し始めると、前よりつらくなる」可能性のことです。現実でいえば「出る杭は打たれる」ような現象が起きます。それが精神的問題の解決が難しいという一番の原因だと思います。

厳密に観念の矛盾を許さないイメージ世界では、一部の「不可能」を「可能」に変えると、新たな観念との衝突を覚悟しなければなりません。前よりイライラする機会が増えますが、正常な道なのです。この怪現象に直面すると、ほとんどの人が「どうして前よりつらくなったのか」「私が幸せになるのが悪いことなのか」と自分や周囲を責めたくなると思います。

心の解放とは、心に光を得ることです。闇に隠れていた否定的な観念に薄日が差せば、見えるようになります。怒りや苦しみといった自分の中の見たくないものが、次々と見えてくるのです。そこは必ず誰もが通らなければなりません。現状維持が目的の潜在意識に逆らわずに変化を諦めれば、その瞬間に気分が楽になるでしょう。

　前より苦しくなっても、そのペースはどこかでコントロールされていて、耐えられる程度ずつ否定的な観念にたどり着く仕組みになっているようです。私は気弱な自分を変えたくて様々な試みをでたらめに繰り返しました。しかし、極端にいえば、イメージした

心を解放してつらくなるのは、隠れていた否定的観念が見えるから。それを優しく受け入れて解決！

途端に気絶したことは一度もありません。これは自分の限度を知り尽くしている誰かが、限度を超えないように送ってくる一種の試練です。

その現象の解決法は、ただ一つ。その度に気分の悪さを受け入れ、そこにイメージの中で愛情を注いで解決します。なぜ戦うのではなく愛情なのか、理由は簡単です。相手は自分であり、イメージ世界での問題解決は「悪感情を良感情に変えること」だからです。穏やかな良い感情、「愛情」でしかイメージの人生は明るくできません。

否定は、否定することでもっと大きく燃え盛ります。だから、否定的な観念による気分の悪さと戦わず、旧友に会ったかのように優しい心を与えましょう。

## 狡猾にだまそうとする潜在意識

自分を変えるということは、現実の状況に対して潜在意識から自動的にやってくる反応を変えることです。「性格」のような変えられないと思われていることを変えて、完全な自由を得たいというのが、意識の意図です。

しかし、保守的な潜在意識は、危険（嫌な気分）を体験する度に、二度とそこに近付けないように、否定的な感情を、根拠と思える言葉や映像と一緒に感じさせてきたのです。自己実現から遠くなろうとも、命を守る備えを優先してきたわけです。

例えば、人前で自分の意見を言えないのは、目立つと危険という体験から生まれた正常な反応かもしれません。潜在意識は完全に保守的で、観念を変えることを嫌います。機械のように黙々と働く潜在意識には「邪魔をしよう」というような意図はないのですが、意識からするとそのように見えます。

邪魔する手段として、「言葉」「映像」「体調」はすべて潜在意識側が自由に使える方法です。潜在意識は、現実世界で真実を確認するのに使われるすべての方法を使って、「それは無理だ」「できた試しがない」「やめておいたほうが身のためだ」と、いかにも現状維持が最も正しいという証拠を送りつけてきます。

しかし、それらの情報は単に、今までの観念と矛盾するという主張にすぎません。イメージを使っていくつかの観念を変えれば、それについては邪魔しなくなります。潜在意識はすでに持っている観念を、命を守るために維持しようとしているのです。

私は将来の夢を見ることができない少年でした。「こうなりたい」と思った瞬間に頭が締め付けられるように痛むのです。それを解消する方法として、Qメソッドを確立しました。今思えば、「自分は何の価値もない人間だ」という支配的な観念を守るために、私がイメージ世界にアクセスするのを阻んでいたのだと思います。

体の痛みがあると、イメージ世界に意識の焦点が合わせにくくなります。潜在意識は「体の痛み」という手段も使って、信じていることの変化を阻止しようとします。会社や学校へ行きたくないと腹痛を訴える人もそうです。このような体の症状が出るなら、後述する「イメージの神」に依頼するとうまくいきます。

変化を止めようとする言葉、映像、体調、これらを超越したところに自分を変える可能性があります。これが、言葉や映像をいくら分析しても記憶や観念を書き換えられない理由です。言葉や映像、体調まで相手の持ち駒なのです。たとえるなら、いくらスパイの言葉を信じても、変われない確信が深まるだけです。

強力なツールを駆使して変化を止めようとする潜在意識ですが、基本的な心得を忘れなければ大丈夫です。潜在意識は変化を非常に怖がるので、変更を強要するのではなく優しく安心でき

命の安全を守るため、潜在意識は自己実現よりも現状維持を優先させ、無理な証拠を見せてくる。

ることだと教えてやれば、観念を書き換えてくれます。まさに「北風と太陽」の童話の通りです。

【解説編】

# 第6章

# 感情と記憶には愛が必要

## 感情は一種類しかない

私が提唱している心のコントロール法「Qメソッド」は、非常に単純な「心の作業」というべき方法です。本書では五つ（五段階）の練習法を紹介しています。Qメソッドの特徴は「映像や言葉を一切使わない」ことです。ここまで読み進めてくださった方は、言葉や映像は潜在意識側のツールで、それらを頼りにすると「潜在意識の思うつぼ」だとおわかりでしょう。

おそらく、人間は言葉を使い始める前から感情があります。だとすれば、心のコントロール法があるのなら、言葉に代表される「記号」を使わない方法に決まっています。言葉や映像が必要な方法は「原理」になり得ないでしょう。

言葉をはじめとする文化の発達が、本来は単純な感情の解決を不可能にしてしまったといえると思います。Qメソッドのように言葉や映像以前の原始的な方法だけを頼りにすることで、保守的な潜在意識にだまされる心配はなくなります。

　感情を表現する言葉はたくさんあり、数十種類とも100種類以上あるともいわれています。しかし、もしも人里離れた地に一人で住んでいるとしたら、感情の種類はそれほど多く必要でしょうか。私たちが「感じているもの」は、過去にも未来にもたったの一種類だと確信しています。

　その一種類の感情とは「気分が良いかどうか」のたった一種類です。感情のように物理的な実体のないものはイメージ世界のものです。そう思いついてから数十年、感情は一種類だけとして生きてきましたが、生活に何の不都

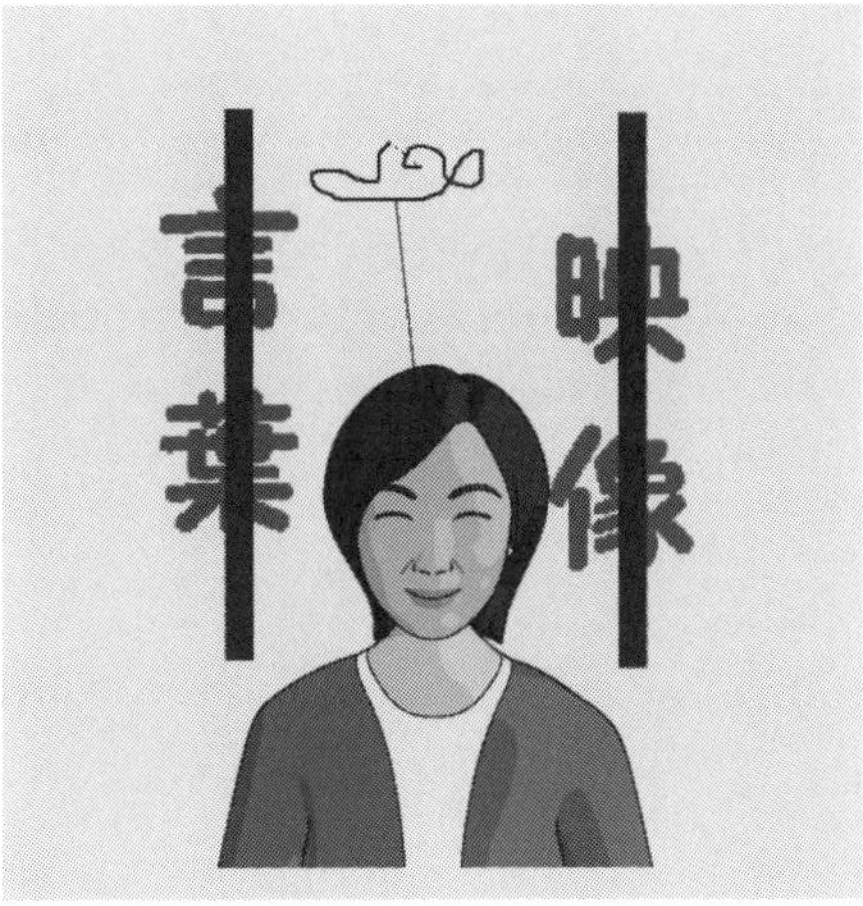

心のコントロール法「Qメソッド」は映像も言葉も不要で、極限までシンプルな「心の作業」だ。

合も生じませんでした。むしろ、複雑に思える心のことがとてもシンプルにとらえられ、良いことばかりだと感じます。

感情を表すたくさんの単語は、現実世界で他の人と話したり文章を書いたりする時は便利ですが、実際は生活上のどんな意思決定にもまったく必要ありません。言葉はすべて記号にすぎません。同じ感じ方にいくらでも別な名前を割り当てられるために、感情がたくさんあって心が複雑だと誤解されてしまったのだと思います。

試しに状況を一切イメージせずに、

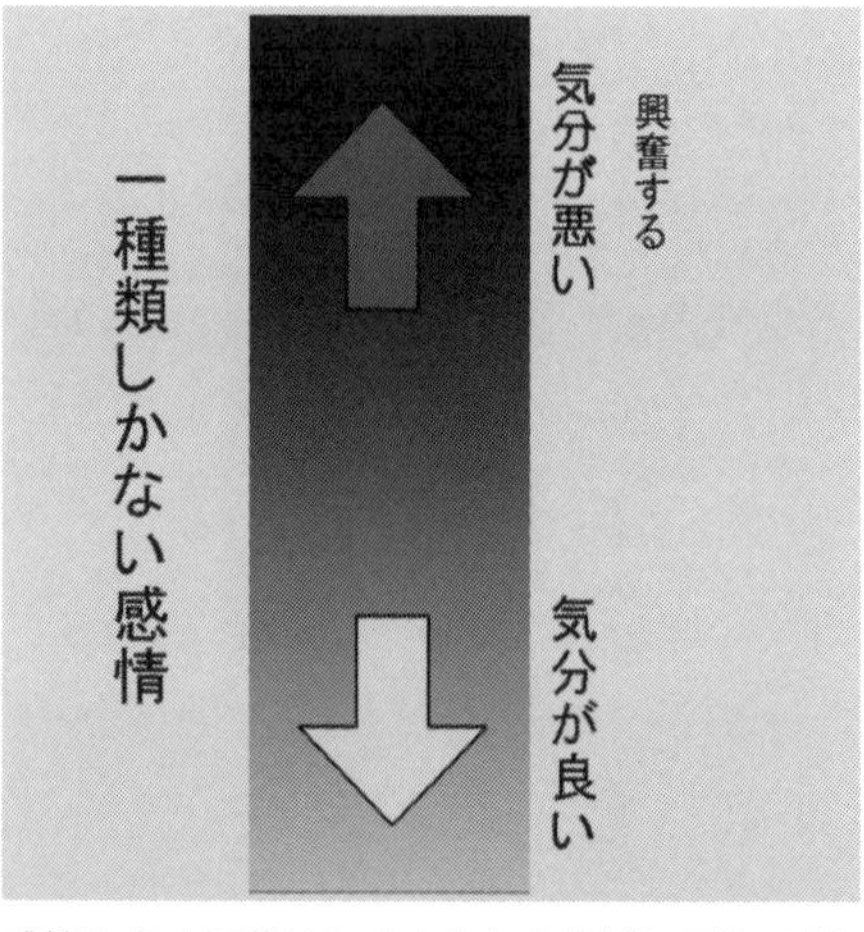


感情を表す言葉はたくさんあり複雑に思えるが、
実は単純化すると「気分」が良いか悪いかだけ。

「不安」を感じようとしてみてください。不安を感じる状況を思い出すことなしに不安は感じられないことがわかります。次は「喜び」を感じてみてください。うれしい状況をイメージせずには喜びも感じられません。「感情」は感じているものを表すと思いきや、状況とセットでなければ感じられないのなら、それは「感情」そのものではないと思います。

## 願望と観念を一致させれば良かった

私は物心ついた時から、気弱で嫉妬心の固まりの少年でした。そのおかげで、苦しい感情がいつやってくるのかをはっきりと知りました。それは他人の幸せに意識が向いた時です。だから私はその瞬間がくるのを恐れました。そのようなたくさんの否定的経験から、心の仕組みの一部がわかりました。

「願望が生まれる」ことは一日の中でも頻繁に、自動的に行われるので、感情の浮き沈みは誰でも避けられません。「願い」というと、言葉や映像がどこからかやってくると思いがちです。しかし、心の動きについて「あえて、言葉にできる部分もある」という程度だと思うべきです。

例えば、電車ですぐ隣に誰かが座った時、反対側に少しスペースがあれば移動すると思います。その時、「願い」が生まれて「成就」する行動が自動的になされたのですが、特に言葉も映像も浮かんでこないでしょう。毎日数えきれないほどの願いが生まれては、その反応として自動的に行動が決まっています。本当の願いとは、このように言葉などで表現する必要のないものです。

否定的観念の多い人は、一日中勝手にやってくる願望によって、気分の悪さが次々とやってきます。願望といっても、必ずしも大きな夢のことではありません。寒い時に熱いお茶が飲みたくなり、難しい講義を聞いたら理解したいと思います。欲しいものが手に入ったらもう一つ欲しいと思います。そんな小さな願望も大きな願望も同じ仕組みで、自分の観念と一致すれば気分の良さを感じ、矛盾すると苦しみの元となるのです。

今より幸せに生きようと思うなら、自動的に気持ちの良さを感じるように自分の観念（強固な記憶）を変えていく必要があります。しかし基本的に、観念の書き換えは保守的な潜在意識から歓迎されません。それをうまく行う方法が、Qメソッドなのです。

## 感情は理由を考えなければ変えられる

心の問題は、表面に現れる現象にとらわれるべきではありません。大声をあげたり、ふてくされたり、暴れたり、泣いたりする表面的なことではなく、「不機嫌になるとその場で不適切なことをしてしまう」というたった一種類に集約できると思います。その表現方法は人によって、たとえるならオリジナルの芸術作品として無数に存在し

ます。どんな表現をしようと奥にあるのは皆同じ「不機嫌」だとすれば、いつでも単純な同じ方法で解決できます

世の中では、否定的な感情を否定することが正しいと思われているようですが。酸性を中和するのにはアルカリ性が必要なように、気分の悪さには気分の良さを注ぐ必要があります。

また、「不機嫌の原因を探る」ことは、否定的なことです。イメージ世界では、目標を定めると後から原因や根拠が作られます。おいしいパンをイメージすると、その店までの経路が浮かんでくる順です。根拠を積み上げると目標に達する仕組みではありません。いつでも根拠を探す前に目標があるはずです。

単純に、不機嫌に対しても「気分の良さ」を目標として与えられたら解決します。それは不機嫌からの出口の経路をどこにも探さず、出口でホッとしている自分をイメージ設定することで解決するという意味でもあります。

不機嫌の原因を探ることは感情を分析することですが、現実世界で重視される「分析」はイメージ世界には不要です。イメージ世界では、意識と潜在意識という同じ自

分同士の独り言が会話となります。わざわざシンボルを使って、相手が知り尽くしているることを話し合う必要はありません。潜在意識は、意識がどうしたいのかをすべて知っています。

感情の原因を考える必要がないため、「不意に感じる原因不明の不安」にもまったく困りません。間違ってても自分の外からやってくるメッセージだと思わないでください。そのように想定した瞬間、その不安は自分では消せない想定をしたことになるからです。

私は原因不明の不安を日常的に感じていました。胸が苦しく座り込んでしまうこともしばしばありましたが、今そのようなことはすっかりなくなり、人前で話すことが大好きになりました。いつでも感情を丸ごと自分の一部だと大事にし、許し、受け入れて気分の良さを与えてください。感情の原因を考えるのは、現状維持が仕事の潜在意識の罠に自ら落ちてゆくことなのです。

## 意味もなくホッとする方法「Qメソッド」④

ここで、最も動きが小さく誰からもそれを実行していることがわからない方法を練習しましょう。

実は誰でも意識せずに実行している方法であり、例えば、精神的余裕のない人が、落ち着きなく部屋の中を歩き回るようなものです。また、無意識に髪を触り続けるしぐさや、電話をしながらメモ帳にいたずら描きをするのもそうです。意識をひとところに留めず、動くことで落ち着くことを皆知っているのです。

これらの動作のエッセンスだけを取り出した練習になります。

まず、静かに椅子に座り、5秒間パントマイムのように体の動きを静止しましょう。きっと息苦しさを感じると思います。静止していると息苦しさを感じて精神的にも余裕がなくなってきます。

今度は、その息苦しさを感じないように、3秒に一度ずつ、ほんの少しだけ楽なほうへ頭を移動しましょう。「3秒静止して、楽なほうへ1センチ移動」を30秒続けます。

うまくできていれば、深い呼吸ができて気分が良くなるでしょう。うまくできない人は「楽なほうへ」動けていない証拠なので、息苦しさを感じたらすかさず反対側へ1センチ動けば大丈夫です。この動きのルールも他のQメソッドと同じで、とても簡単です。

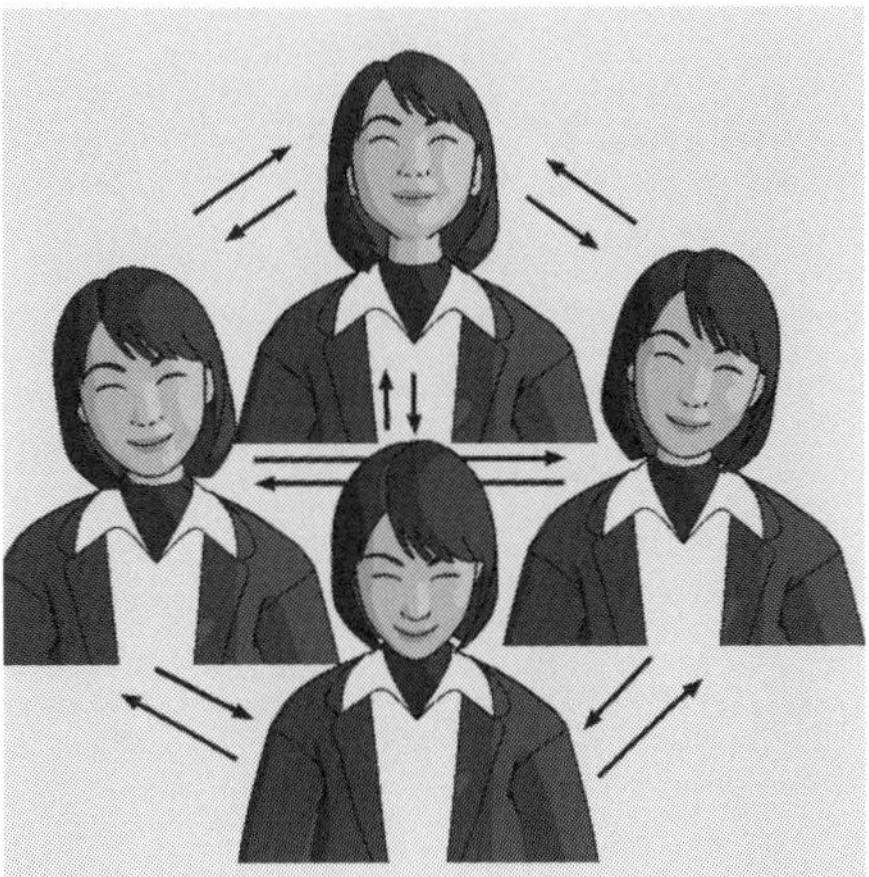

数秒間静止すると息苦しくなる。そこで、頭を少し動かすと楽になる。この感覚を繰り返し味わう。

# 興奮は否定的なものだった

幸福感には二種類あります。一つは本書で目標としている静かで解放感のある感情。もう一つは、興奮して自分を追い込むとある時点で得られる変性意識によるものです。どちらも気分が良いと思えますが、この二つはまったく別の状態です。

興奮すると得られるハイな状態は、長く維持できない一時的な幸福状態です。これはストレスが極度に達したため、その状況から逃げるか、踏みとどまって戦うかという極限状態で起こります。痛みや疲れを感じないように、アドレナリンを代表とする脳内物質が放出されて起きる非常用のモードです。

このハイの状態では、冷静な判断能力が失われて周囲の空気が読めなくなります。また、何度も使うとだんだん効き目がなくなって、もっと激しく興奮しなければなくなることから、正常とはいえません。

このハイの状態は一時的に自分を失っていて、決して強くなっているわけではありません。本当の幸福感は必ず静かで落ち着いたものですので、非常用のハイのモードと混同しないようにしてください。不安になる度に自分を責めて追い込み、束の間の幸福感を得ることは、変えるべき否定的な感情から逃げているだけでなく、前より不安が強くなるのです。

気分の悪さは、怒りや憎悪だけではありません。悲しみや落ち込みといった外部に対して攻撃性のない気分の悪さも興奮状態です。その証拠に、そのような時は他人を思いやる気持ちなど人間らしい正常な判断力が低下してい

穏やかな幸福感と興奮した幸福感がある。興奮した状態は、自分を失った束の間の感情にすぎない。

ます。

イメージ世界の成功、幸福、安心、確信などは、すべて「穏やかな気分の良さ」と一体です。私は以前、うつ状態にあったこともあります。それは決して穏やかでやる気が出ない状態ではありません。自分のこだわりから気がそらせず、一点に集中して否定的な思考がぐるぐると巡り、他のことに気を向ける余裕がなくなる典型的な興奮状態です。内向きのイメージでなく、外向きのイメージを習慣づける練習が必要です。

## 現実からの四種類の影響の選び方

イメージ世界は現実世界に影響を与えます。これがどのようになされるのかは誰にもわからないと思います。ただ、イメージの自由な創造の世界そのままが現実になるのではなく、時間や空間や重力の影響など、現実のルールが厳密に守られるように潜在意識で変換されることは間違いありません。このイメージ世界をメインの世界だと思って眺めると、現実は本当に神秘的な世界です。

反対に、現実の出来事はイメージ世界には直接影響しません。いつでもイメージ世界が優先されるのです。イメージ世界を変える時、現実の出来事への対応は、次の四種類のどれかを毎回自分の意志で選ぶことになります。

**①気分の良さを肯定する**
**②気分の良さを否定する**
**③気分の悪さを肯定する**
**④気分の悪さを否定する**

動機を肯定するか否定するかには、イメージ世界独特のルールがあります。それを現実と混同してしまうと、うっかりと望まない影響がイメージ世界を侵してしまうので注意が必要です。

①については当然かと思えますが、良いことが続くと怖くなる人は少なくありません。②の良い気持ちのものを否定する理由はないと思えますが、褒められても素直に受け取れない時にこの②の現象が起きています。褒められて興奮する時も同じですから、頻繁にこの状況は起きています。

③についてですが、本書のテクニックのすべてはこの③の状態をどう作り出すかを目的にしています。このスキルこそ問題解決のすべてです。現実で嫌な気分を感じた時に、それを愛情によって良い気分に変えることができたなら、良いことが起きるという信念を強めたことになります。

よく勘違いされるのが、④の「気分の悪さを否定する」という選択です。「できないなどと考えてはいけない」という根性論はこの④の間違いを正確に表しています。感情に関わることは足し算と引き算です。マイナスの数同士を掛けたからといって、プラスに転じません。否定を否定するということは単に嫌な気分を強めているだけで、不可能の度合いを深めています。

「できない自分に優しくする」、つまり気分の悪さを肯定することで、できると信じられるようになるのです。

言葉については、ひと言ごとに「ホッ」と気が楽になるなら肯定的なシンボル。それ以外は否定的なシンボルです。辞書での意味は、個人的なイメージ世界では必要ありません。「できる！」「何とかなる！」という定義上の積極的な言葉が、果たして自分にとって気持ちが良いものかどうか。それは一瞬で確かめられますので、スローガンなどの言葉を何度も繰り返す前に確認しましょう。

## 記憶は「上書き」方式で変えられる

周囲の状況に対して、潜在意識からやってくる反応が感情です。その反応の根拠は記憶から来ていますので、記憶に付属した感情を変えれば記憶を変えられます。私は、そのように感情の問題を解決してきました。

程度の差はあっても、誰もが過去の後悔、失敗、恥、自己否定などの忌まわしい記憶に悪影響を受け続けています。それらを思い出さなくする方法、いらない記憶を整理する方法を本当は学校で教えるべきだと思います。

ただし、過去に起きた事実は変えられませんし、状況自体の記憶を変える必要はありません。記憶には状況と一緒に感情が付属しています。記憶とは必ず「状況と感情のセット」です。感情的な印象の薄い記憶など、潜在意識にとって大切ではない記憶は早く忘れてしまいますから問題になりません。

もし非常に否定的な思い出があったとしても、その意味を決めているのは、その時の状況ではなくその時の感情です。その感情は、原因とは関係なく変えられます。感情を薄めてしまえば、記憶から「意味」が抜けて忘れやすくなってしまうのです。

記憶には印象が強いものから順位があります。毎日の暮らしの中でその時の気分にふさわしいレベルの記憶が浮かんできます。記憶から感情が抜けていった分、一番嫌な記憶は気分の悪い思い出リストの中で順位が下がっていき、二番目、三番目が先に思い出されるようになるのです。すると、一番気分の悪い記憶がなくなった分、明るく過ごせるようになります。

これは決して特別な技ではありません。一般に「記憶を手放せた」「過去の自分を許せた」状態を生み出す具体的な方法にすぎません。記憶はどんなものでも、このように感情を変えることで誰でもコントロールできます。

記憶についている感情の書き換えは「上書き」方式です。記憶の状況にどこからでも愛情を注がれるイメージができれば、嫌な記憶は良い記憶になってゆきます。今を肯定できれば、「あの体験がこの発見につながった」という肯定的な思い出になるのです。

嫌な記憶も「状況と感情のセット」である。記憶に付随した感情を変え、良い記憶に上書きできる！

その時、記憶を変えることに潜在意識が反対するのが普通ですが、そこにさらに愛情を注ぐことが、記憶の上書きのプロセスです。それは自分を愛することそのものです。もし自分に注ぐべき愛がないと感じたら、後述する「イメージの神」の出番です。

## イメージの成功体験と「愛」

笑顔をはじめとする幸せな表現を私たちは愛しています。イメージ世界には成功体験としてこの「愛」が必要です。しかし現実でもイメージ世界でも「愛」自体は感じられませんし、どんなものなのかは誰にもわかりません。ただ、「気分の良さを感じている時、そこに愛がある」と思うと、イメージを使う時にわかりやすくなります。愛は「生命力」と言い換えても良いかもしれません。直接感じることができない私たちの元気の素です。

何らかの「願い」が自然に生まれた時、潜在意識の中の観念と一致していれば気分が良く、そこには愛があります。潜在意識は自分の本体であり、意識がそれと一致していることが自己肯定です。気分が悪いことをイメージ世界で発見したら、すぐにそこに愛情を注いで気分の良いことに変えます。すると徐々にイメージ世界に愛が溢れていきます。記憶を変えるプロセスと何も変わることはありません。

気分が良い想像がイメージ世界の成功体験です。愛という言葉を選んだのは、具体的にイメージ世界の使い方を

イメージ世界に愛情を注ぐ！　愛という「何か良い気分のもの」を「与える」ことで生命力が高まる。

解説する際、イメージの中の対象に何か「良い気分のもの」を「与える」ことが大事だからです。形のない抽象的な、しかし気持ちの良い作用の元になるものが愛です。「優しい光」とイメージするのも良いでしょう。何に見立てても同じ意味です。

イメージ世界では、自分から外向きに流れ出るつもり、あるいは外へ向かって与えるつもりのものは全部「愛」です。間違えることはないので安心してください。

## 意味もなくホッとする方法「Qメソッド」⑤

**これは「Qメソッド」④の実用版です。日常の生活にこれを併用すれば、心の悩みとは決別できます。1秒に1センチ程度のつもりでゆっくりと「どちらかといえば楽だと感じるほうへ」上半身を連続的に動かしてゆきます。この方法は「気をつけ!」の後の「休め」をずっと連続して実行していることと同じです。**

**これから1分間、目を閉じて、「楽な方向へ流れる」「外し続ける」という感じでゆっくりゆっくり体を動かしてみましょう。周囲の音が気になっても、その瞬間、楽な**

ほうへ、ほんの1センチ動けば気にならなくなります。気分の悪さと「戦わなければならない」と信じている人は、楽なほうへ流れることに抵抗があるかもしれません。それは心の特徴を知らないからです。戦おうとしている相手は自分です。それでも戦うのでしょうか。

また、「こんなことをして何になるのだろう」という考えが浮かぶかもしれません。その時にもほんの1センチ、楽なほうへ動きましょう。自分の心の中が年中騒がしいことがわかると思います。呼吸が苦しくなら

1秒間に1センチ程度にゆっくりと、上半身を楽なほうに動かし続ける。生活の中で活かせる方法。

ないようにゆっくり動き続けることで、自然に呼吸法を続けていることにもなります。本来、呼吸法とは形を覚えることではなく、このようにイメージ世界を変え、愛を感じ、自然に息が入ってくる状態にする練習です。

これは、愛があまりない状態から少しずつ愛ある状態に変え続ける方法です。この練習を毎日の習慣になるほど続ければ、潜在意識の自動化（無意識にできるようになる能力）がなされます。そして、精神的、肉体的につらくなりかけると自動的にこれができるようになり、心と体の一種の安全装置になります。

テレビを見ながらでも勉強をしていても、仕事の商談中にでも、クレーム対応をしながらでも実践できます。本書のイメージトレーニングは、できるだけこのQメソッドを併用しながら行いましょう。すると、潜在意識の言葉と映像に邪魔されて現状維持に引き戻されることが防げます。

## イメージは分解すると意味を失う

例えば突然、過去の思い出がよみがえったとしましょう。気持ちの良い思い出ならそれにじっくり浸れば現実にももっと幸せを感じる機会が増えます。しかし、気分の悪い記憶だった場合、それが思い出された原因を探るはずです。潜在意識が送ってくる内容は今の気分にふさわしい記憶ですが、なぜその記憶が選ばれたのかは意識の貧弱な能力では知ることはできないでしょう。

記憶の映像は、今の状況に近いものが潜在意識に選ばれます。切り離して部分に分けてしまうと、最初に浮かんできた分析できない理由をその時点で失います。だから嫌な記憶がフラッシュバックしても、その原因を探ってはいけません。イメージ世界では、感情は潜在意識の何らかの演算の結果ですが、私たちが欲しいのはその結果だけです。原因は元から解明する必要がないのです。

イメージの中でその気分の悪さを外に見ないと、そこに向かって何も与えられないので、まず自分の体の外に見て、「愛情のつもり」の何かを与え続けましょう。一つ与える度に少し気が晴れてきます。するとその感情の元になっているもの全体が少しずつ変化して、次から似たような状況に直面してもその感情は感じなくなります。何でもそれで解決できるのに、どうしてそれを言葉にする必要があるでしょうか。

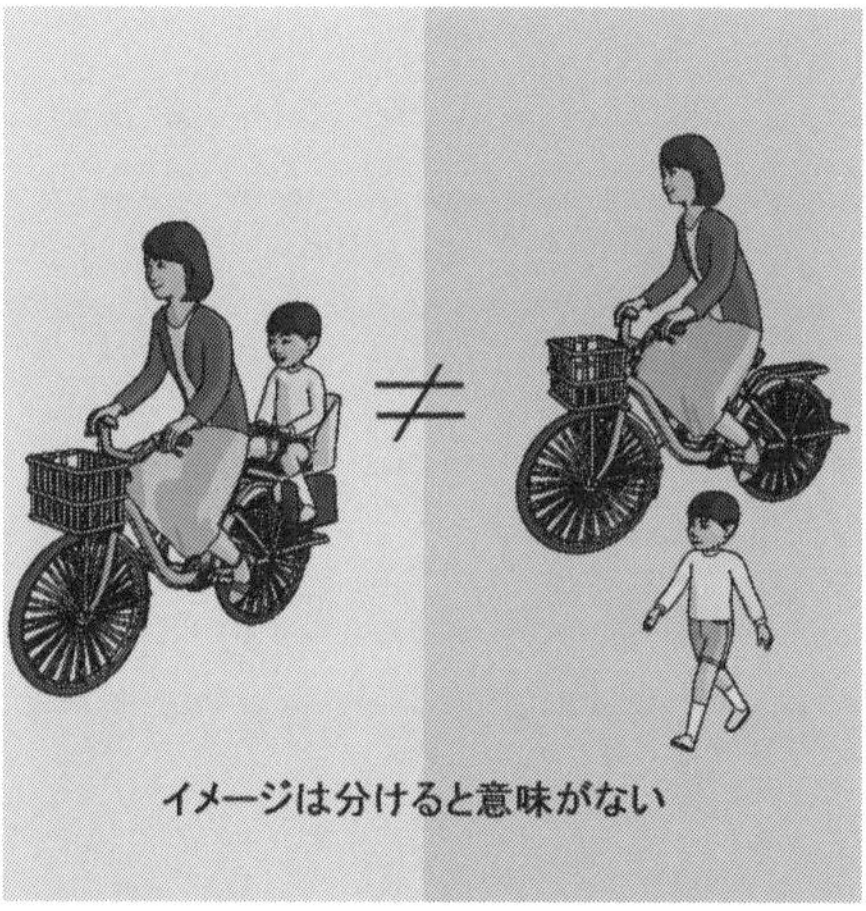


記憶の映像は細かく分けて解析しても意味がない。
どんな記憶でも、ただ愛情を与えるだけで良い。

## 潜在意識は教えないと正解を知らない

潜在意識は守護霊のように自分を見守り、愛し助けてくれる存在だと思われていま す。それはある意味では本当ですが、潜在意識が基本的に守りたいのは「命の維持」だけのようです。潜在意識は毎日24時間、自分の命を守ろうとしています。潜在意識はいつものように適切に心臓を鼓動させ、呼吸し、内臓を適切に働かせて必要な筋肉を動かします。

しかし、期待に反するかもしれませんが、潜在意識は仕事場で優秀であるとか、人気があるとか、豊かさとかには無頓着で、「私が後押しするから出世しなさい」とは言いません。もっと原始的な自分という存在を守ろうとして、嫌な気分を感じることは危険と判断し、意識に上らないまま自動的に避けるように動きます。

ところが、それでは困ります。例えば、過去に数回人から暴言を吐かれた記憶があるからといって、社会生活で必要な人間関係を一切築けないのでは生きにくくて仕方ありません。そのため、潜在意識の記憶の中で、嫌いでは困る部分を書き直す必要があります。例えば、幼少期に両親のけんかを見て育ったために結婚が怖いなど、現状維持しようとする潜在意識に変わってほしいのなら、自分で解消する必要があります。

また、自分でも気づかないまま無意識に欲しいものを避けてしまう現象は、潜在意識が最も得意としていることです。同じ本を読んでも人によって記憶に残る部分が違うでしょうし、何度か読む度に違う内容のように感じることもあります。

私はある時、自分の目が数行の文章を自動的に読み飛ばしている現象に気づきました。その時、思ったことは、例えば勉強ができないことを苦にしている子供は、テストで重要な部分に目が向かないようにされている可能性があることです。相手の人が重要なサインを送っていてもまったく気づけない現象も、同じだと思います。

潜在意識は命を守るつもりですが、社会的なチャンスを自然な形で遠ざけます。生まれた時からある初期設定の観念の影響は、なかなか本人は気づけないと思います。多くのビジネスチャンスがあってもそこへ気を向けないようにされているなら、それを「運がない」と呼ぶのかもしれません。

イメージ世界でしかできないことはたくさんありそうです。何に価値を感じたいのかを潜在意識に教えなければ、新しい目標への旅は困難さを増すばかりでしょう。

潜在意識の中で、欲しい状況が悪いことや危険なこととして記憶されているかどうかはその行動をしている自分を想像すればすぐにわかります。例えば「成功したい」と思った時、気分が悪くなれば潜在意識がそれを避けようとしています。私たちには、やってはみたいけれど未体験なことがたくさんあります。しかし、ありがたいことに

もともと潜在意識は命を守りたいだけ。社会的成功という目標は潜在意識に教えなければならない。

イメージ世界では、その新たな挑戦の成功を信じられているのか即座にわかります。

今は無理だと感じても、潜在意識を再教育することはできます。不安とセットで記憶されている事柄は、潜在意識が様々な方法で不可能を演出しています。潜在意識を再教育する時は「安心」「解放感」のような穏やかな気持ち良さが必要です。気持ちが良いことなら、潜在意識は思いもよらない解決方法まで使って全面的に手助けしてくれるでしょう。その能力がどれほど凄いのか、私たちは想像することすらできません。その大きな謎の部分を開拓してほしいのです。

【解説編】

# 第7章

# イメージの神は親友

## 神は自分を純粋に愛する自分だった

今日からイメージの中に新しい友人を招き入れましょう。この友人は宗教的な神とはまるで別のまったく個人的な「神のような」存在です。ファンタジー映画に出てくる味方の魔法使いだと思っても良いでしょう。そのような「自分をはるかに超えたありがたい存在」は誰でもイメージできます。

本書の神は、イメージの神というより友人です。イメージの中に登場する人物は自分の一部なので、ありがたがる必要もなく、どんな見た目でも構いません。今までの自分を超えるためにイメージ世界で自由に活動するには、そのような存在が必要です。私もイメージ世界で現実にできないことを体験しようとした結果、人間に神という概念が生まれるのは必然だと感じるようになりました。

イメージ世界の神とは一体何でしょう。願望をすでに実現した自分を想像することは、潜在意識に教える新しい目標地点となります。しかし私たちは今、自分が信じている通りに現実を生きています。自分がこの程度の人間だと感じている通りに話し、行動しています。その私たちが今現在を超える想像は可能でしょうか。

イメージの中で今までの自分の限界を超えることは、潜在意識が矛盾を感じるので気分が悪くなるのが普通です。その状態のまま、いきなり現実世界で新たな挑戦を始めると、準備ができていない潜在意識が怖がって「できない」と意識にメッセージを送ります。そこで、イメージで「できる」と信じてきた限界を超えるために、「自分を超えた想定の存在」である「神」にお願い（依頼）するテクニックが生まれます。

イメージ世界は、プラスマイナスのバランスを生きられる範囲に保っています。ですから否定が極まった部分があるなら、反対に素晴らしいとしか思ったことのない愛だけの部分も当然あります。その「自分を純粋に愛することしかしない部分」に目を向けずに生きてきたとしても、それは太古から「神」としてすでに想定されています。

これからイメージ世界の開拓者となるためには、この「神と呼ぶべき純粋な愛の部分」をどう使うのかが大切です。神（彼）をイメージの中に登場させたなら、その周囲は愛で満たされます。後は、受け取れるまでそこにいてもらえば良いだけです。

## イメージの神はずっと出番を待っていた

イメージの神は、自分の純粋に素晴らしい部分のことです。「○○のつもり」という想定だけでできているイメージ世界は、その部分をシンボルとしてどんな映像にもできます。これからは自分専用の神様が24時間いつでも導き助け、励ましてくれます。

今までの不可能を可能にするためには、Qメソッドで少しずつホッと「愛」の流れる量を増やすか、神様に頼むかする必要があります。今の自分を超えるエネルギーをどこからか運んでこなければ、限界を超える理由は探せないのですが、この「理由」は現実での過去の実績とは何の関係もありません。

「神様だからできる」と子供のように思いましょう。そのような存在が本当にいるのかはどうでも良いのです。イメージ世界に「神のような存在」という想定だけが必要です。イメージの神は、自分がこの世に生を受けてから、ずっと呼ばれるのを待っていました。

イメージの神は完全に自分の中の一部であって、他人と共有していませんから、いつでもイメージの中に呼べば来てくれます（イメージの中に登場させられるという意味）。特に神が必要になる場面は、イメージすることで心因性の痛みなどが出る場合です。痛みに気が向いて困った時、イメージの自分への贈り物を「神様」に頼むのです。

神にできるのは「愛を与える」ことですが、自分でセリフを決めることもできます。イメージの自分が神に愛されているシーンにセリフを入れましょう。神も一人に限る必要はなく、望むだけ、例えば10人の神に取り囲まれてほめちぎってもらうこともできます。自分専用の神たちとの交流を楽しんでください。これをただの空想と思うか、現実を変える方法と思うかは個人の自由な選択です。

# 体の痛みと万能薬の神

私たちには、自分の可能性を制限する観念が本当にたくさんあります。「自分は大した存在ではない」とか「そんな才能はない」という思い込みです。最初からそう決まっているかのようですが、そこに何の根拠もありません。おそらく、両親から受け継いだ「初期設定」によるものか、否定的経験を拒絶して（嫌がった）自ら負の想定を強固にしたか、です。

イメージ世界は、肯定的な観念と否定的な観念が入り混じって自分の世界観となっています。観念とは単に強い記憶のことです。これを変えれば、今までの限界の枠を外せます。イメージ世界は安定した世界なので突然大きな変化はしませんが、この過去の書き換え効果はその後ずっと失われません。「そこに神がいた」という想定外のイメージは、かえって観念に邪魔されず記憶に受け入れられやすいようです。

イメージ世界で本当は神と何をしているのか、現実の宗教と混同しないために解説します。神も含めイメージに見えるものは「シンボル」です。大切なのはその中身です。自分を愛して疑うことのない部分を神と想定しました。その部分と自分を嫌う部分の記憶を引き合わせて、バランスを取っているのです。

「望みの状況をイメージすると生まれる体の不調」は、潜在意識が使う強めの否定的反応ですが、これに驚かないことです。イメージ世界の管理者は自分唯一人なのだということを忘れないでください。自分の意思と潜在意識とのやりとり以外の、外側の力は一切働いていません。

イメージ世界の神は、「自分を純粋に愛する部分」。それは自分の能力を信じていることの表れ。

「その万能薬の神様に依存してしまったら……」と心配する必要はありません。イメージ世界は想定の差はあっても全部（イメージの神すら）自分の一部です。自分が自分の能力に依存しても、それはただ自分の能力を信じているだけですから。

## 意味もなくホッとする方法「Qメソッド」⑥

イメージの中でも、現実でも共通な「集中の種類」についてのお話です。ほとんどの人は集中することの大切さを知っていますが、「生きた集中」と「死んだ集中」の二種類があることを知らないでしょう。Qメソッドのすべてに共通なことは「意識は一点に固定してはいけない」ということです。意識を動かし続けて「動的な集中（対象に意識を向ける）」をします。気持ちの良い記憶は「動的な集中」すなわち「生きた集中」でできていて、不機嫌な記憶は「静的な集中」すなわち「死んだ集中」でできています。

例えば、机上のどこかに人差し指を当て、ゆっくりと1センチくらいの範囲で動かし続けてみてください。この時、指と意識は連動して動き続けていますので、ずっと呼吸が楽な状態が続きます。指を使わずに、机に落とした視線をゆっくり動かし続けても同じです。

反対に、あえて視点を固定してみると、数秒で息苦しさを感じると思います。試しに本書の文字のどれか一文字に視点を固定してください。数秒で息苦しさを感じるでしょう。そこで、周囲のどれかの文字に視線を移動させ続けると、呼吸が楽な状態が続きます。

机上の一点を指差し、目線と連動させてゆっくり動かし続ける。「動的な集中」で楽な状態が続く。

この練習をしていると、何かに「不可能」を感じている時は、潜在意識の働きで意識が一点に固定されていることに気づけるようになるでしょう。気分が楽な状態を維持するためには、わずかでも常に意識を動かし続ける必要があります。この状態が最も精神的にパワフルなのです。

勉強でも、将来のビジョンでも、悩みの解決でも、一点に集中する「死んだ集中」をしていると答えは得られません。「動的な集中」が自分を活かす意識の使い方です。Qメソッドはそれを練習する方法だったのです。

【解説編】

# 第8章

# イメージの中で与え続けるだけ

## 他人を祝福する毎日が「良い予感」を生む

イメージ世界で気分が良い出来事をたくさん起こす（これをいつでも意図的にできることが現実と大きく違います）と、それが現実と同じ「良い経験の記憶」になります。これをひと月も続けると、人生が全体的に良くなる以上のとても素晴らしい体験ができます。「良い予感」としか呼びようのない、不意に意味もなく気分の良さがやってくる現象が実は起こるのです。

私が今まで精神世界を探求して得たものの中で、一番うれしかったのがこの「予感」でした。良い予感と悪い予感、どちらも現実世界では神秘の世界からやってくるメッセージと思われていますが、実は自分で作れるものだったのです。以前の私は、徹底的に悪い予感、胸騒ぎしか体験したことがなく、反対の不意に気分が良くなることなどあり得ませんでした。だからこそ、この違いに気づけたのです。

イメージ世界で、登場した人（自分のつもりでも良い）が欲しそうなものを渡してホッとする体験を繰り返しましょう。するとその贈られた人物（自分の潜在意識）は、「最近、良いことが起きる」という経験をたくさん積み、「どうせ良いことはやってくる」と信じるようになるのです。イメージ世界では意識の自分が与えたものが返ってくるため、「良いことが起きる」という期待が意識の自分に返ってきます。それが「予感」の正体だったのです。

「良いことが起きる予感」さえ得られれば、現実世界で自分をもっと好きになれます。誰もが本当に欲しいのは、地位でも名誉でもお金でもなく「良い

イメージ世界で良い出来事をたくさん起こせば「良い経験の記憶」になり、「良い予感」を生む。

ことが起きる予感」だと思います。それさえあれば、今どんな状況だろうと関係なく、今から明るい未来を期待しながら人生を楽しめるのですから。

## 信じることはイメージ世界でしかできない

人はあることに確信を持っている時、「その結果を信じる」ことができます。「自分を信じろ！」とか「信じればできる」というセリフはありますが、何をどうしたら信じられるのかについては誰も話さなかったと思います。信じられている人はなぜできると感じるのかを知らず、信じられない人はなぜかわからないまま不安で（つまり嫌な気分のまま）行動し続けるしかありません。

現実は、イメージ世界の結果です。つまり、イメージが先で、現実は後という順番です。さらに、イメージは現実に影響を与えますが、現実の出来事は自分の意思決定がなければイメージに傷一つつけられません。現実世界で信じていないことを、イメージを使わずに「信じて行動しろ」と言っても絶対にできないのです。何でも問題に気づいたら、まずイメージ世界に意識を向けて新しい想像を始める必要があります。

望んでいる状況を信じるための「やり方」は、イメージ世界に存在します。まず、信じられているのかどうか調べてみましょう。

その目標を想像してください。はっきりした映像にする必要はありません。潜在意識は何についてイメージが始まるのかをとっくに知っています。その時「ホッとして解放感を感じる」つまり静かに気分の良さを感じるのなら、それを信じています。それ以外の時には、残念ですが信じられていません。信じていないままで行動すると、自分の潜在意識から思い切り足を引っ張られて、苦しみながら時間を過ごすことになります。

また、その映像に興奮を感じる時も、その目標の達成を信じられていません。静かな心持ちでワクワクと期待するなら良いのですが、ドキドキと興奮するのは異常状態です。何かを「確信」している場面では、ドキドキする映像は浮かんでこないでしょう。「ホッとして解放感を感じる」はずです。そう考えれば納得いただけると思います。

「信じている」ことは、イメージ世界の作業の結果としてある、静かな心の状態です。それは望む状態が、気分の良さと一緒に強固に記憶されていることです。気分の悪さと共に記憶されていることも信念ですが、それは一言で言えば「呪い」です。その記憶を変えない限り、肯定的イメージと現実の行動を邪魔し続けてしまいます。

願いの成就を肯定的に信じるには、安定したイメージ世界で想像して「必ず良い気持ちを感じる」必要があります。それを何十回も繰り返すうちに、想像しようと思っただけで解放感を感じて、信じる心の作業は完成します。

## イメージに論理は必要ない

何かの結果をイメージすると、潜在意識が現在と結果の間を埋めてくれます。例えば、頭の上に腕を上げようとすれば、筋肉をうまく動かして目標地点まで腕を上げてくれます。その時、自分の気分で途中経路は変わります。興奮していると、どこかに腕をぶつけるかもしれません。

冷蔵庫をのぞいて、足りない食材に気がついたとしても、その時に落ち着いていれば、店への最適な経路とかかる時間が浮かんできます。しかし、そのことに少し興奮を感じていると、無理な時間設定とその食材があるかわからない店が浮かびがちです。もっと興奮していると、財布を忘れて出発したりします。

坐禅や写経、滝行など世の中にある修行では、ほとんどが気を静める訓練に明け暮れます。穏やかな心持ちでいないと「不適切」な方法が心に浮かぶからです。そのように、潜在意識は常に「その時の気分」に従って、目標までの途中経路のつじつま合わせをします。

これは普段の会話でも、講演を依頼された時も同じです。話したい抽象的な目標があれば大丈夫です。後は「この場を楽しみたい」と願って「静かに落ち着いて」いれば、その場にふさわしいエピソード、文法的にも正しい言葉が勝手に浮かぶものです。

落ち着いている時に浮かぶ、矛盾を感じない途中経路を、現実では「論理」と呼ぶのだと思います。私たちは毎日、途中の論理を積み重ねて目標に達しているのではなく、目標地点を入力すると経路を示すカーナビのように、潜在意識を使って目的を達しているのだと思います。

それならば、途中経過である「理屈」は、一切考える必要がないことになります。考えるのではなく、気分が良い時にはアイディアが浮かんだ通りに行動するのです。それは危なっかしく聞こえますが、私たちは行動に際して本

目的までの論理や理屈は、イメージ世界では不要。
その時の気分に即した手段が勝手に浮かぶもの。

当にいつも「考えている」のでしょうか。実際のところ、ほとんどが論理的ではなく、どこからかやってきた発想を採用しているだけだと思います。

埋屈抜きに、童心に戻ってイメージ世界を使うのが一番なのです。「僕は偉くなる！」と信じた時、もし「どうして？ 他の子よりできないのに」と浮かんでも、気分良く「僕はすごいから！」と言えば良いのです。

## 直観はいつも誰にでもやってくる

アップルの創立者スティーブ・ジョブズは、代表的なスピーチの中で「あなたは直観に従うために運命でもカルマでも何でも良いので信じるべきだ」と述べています。この選ばれた人だけにやってくる、成功への道筋を示す直観とは何でしょうか。以前は私も特別な人にだけ突然聞こえる神の声だと思っていましたが、今はそれが何かわかります。ジョブズはその後も言葉を続けます。「好きなことに早い時期に出会えて幸運だった」「仕事を愛していた」と。

直観は、誰にでもいつでもやってきています。少なくとも意識のある間は四六時中、私たちはいつでも直観に従い、半ば自動的に行動しています。私の場合は工作が好きなので、いつでも工作の手順が浮かんできます。

誰でも起こるような日常の直観でいえば、のどを潤したいと思った時、冷蔵庫にビールがあることに気づくようなことです。ジョブズと一般人の違いは、その日頃の思いつき（直観）の多くが、しっかりと将来のビジョンにつながっているかどうかです。そのビジョンに彼は愛を感じていました。

誰もが皆、世界を変えるような製品を世に出したいと願うわけではありません。しかし、ただの思いつきと思って自分の直観を評価しないか、素晴らしい直観だからこれで目標に近づけると感じるか、その違いは揺るがない目標設定があるかどうかです。イメージ世界では、直観、アイディア、衝動、予感など、普段から自分を動かしている動機はすべて同じものです。決して特定の人だけが持つ超能力ではありません。

それでも、目標への道筋が平坦に見えない時はあるでしょう。つらい状況の中にいても、必ず気持ちの良さと共に「これで間違いない」「これは天の導きだ」という発想が浮かぶようになれます。

## 目標を決めるまで道筋は示されない

ここまでの本書の解説で、なぜイメージ世界のコントロールに「想定」、つまり「○○のつもり」が必要なのかわかっていただけたのではないでしょうか。まだ、手に入っていない、あるいはできていないことを「もうそこにあるつもり」「できたつもり」と想定する必要があります。それは、潜在意識が「現在と目標との間のストーリー」を埋めるつじつま合わせを仕事としているからです。

例えば最新のカーナビでも、目標地点が設定されていなければ、何もできません。

潜在意識もそのまま現状維持を続けながら、新しい目標がセットされるのを待ち続けます。目標をイメージすると、その直後から目標地点まで行くにはこの否定的観念を解決しないと困難だということを伝えるために、気分が悪くなるでしょう。しかし、新たな旅はいつもそこから始まります。

その嫌な気分は敵ではありません。願いと矛盾していることを意味する観念との戦いを、穏やかに解決するのが自分の仕事です。それさえできれば、また別の目標設定を楽しめるようになるでしょう。その時、機嫌さえ良けれ

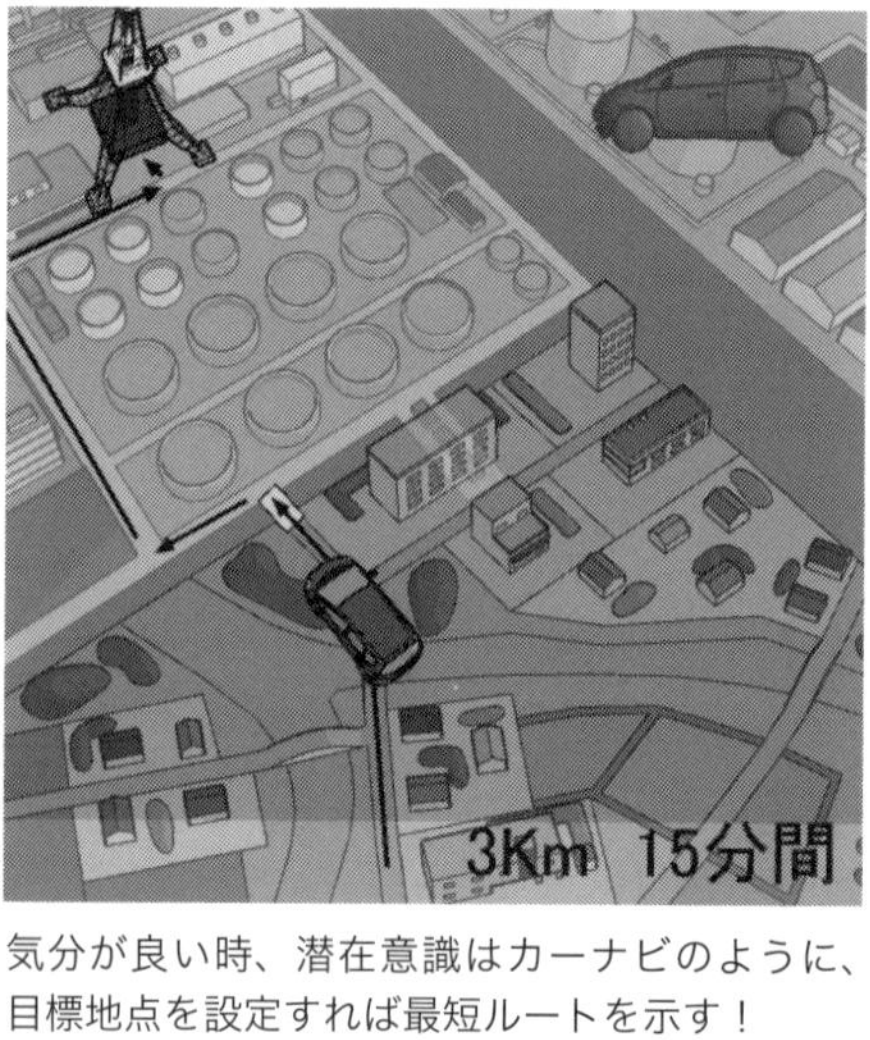


気分が良い時、潜在意識はカーナビのように、
目標地点を設定すれば最短ルートを示す！

ば、目標達成できる最短距離の道が示されます。機嫌が良くなければ、目標到達が不可能な証拠しか浮かんでこないのです。

この先どうすれば良いのか、進むべき道が見えないと悩む人は多いと思います。しかし、自分が決めるのが先で、その瞬間に自動で作られるのが進むべき道なのです。今すぐ、何でも良いので目標をセットしましょう。まずは「幸せな毎日」のような抽象的な目標をイメージして、行動が浮かんでくるのを待つことです。ただし、答えを得られる必要条件は「穏やかに気分良く」イメージすることです。

## これだけで心の問題は消え去る!

本書では、イメージ世界の存在と、その大切さについて書いてきました。それでは最後に「これさえすれば」というお話です。それは次の方法です。

## 「イメージの中で、誰彼構わず何かを与え続けること」

精神的なつらさを感じている人に対して、その体験者として伝えたいことがあります。なぜ苦しいのかといえば、イメージの中で「与える」ことをせずに、内向きに自分のところへ欲しいものがやってくるイメージをし続けているからです。イメージ世界では、外向きに与えるもの、手放すものこそ、自分が得るものです。イメージの中は全部自分です。何も失いません。

イメージの中で、誰かに対して外向きに与えるものが、自分の得るもの。例えば、受験生は点数を与えます。会社勤めの人は成績を与えます。店の店主ならお客を与えます。研究者なら答えを与えます。自分が嫌いなら誰かに「愛情」を与えます。どんなに抽象的なものでも「○○のつもり」で完璧です。

イメージ世界では、事業の繁栄、理想の伴侶、理想の作品、人生のゴール、などの間に一切の区別はありません。すべてはイメージ世界を構成する想定の一部にすぎません。イメージできる範囲すべてに「何か」を与えられ、気分の良さとして戻ってくるのです。外向きに与えたのなら、それは良いものです。

これで、現実世界の感じ方が少しずつ変わってくるでしょう。私は、イメージ世界の人生に注目するにつれ、物や状況への執着が減り、なぜか「死」や「知らないもの」への恐怖も減りました。簡単にいうと、以前よりも「気楽な人」になれました。

前より気が楽になってきたと感じたら、徐々にイメージの中の素晴らしい人たちを観察してみましょう。絶対にその人の中に入り込まず、必ず外側から「この人は自分を信じられているのだな」と尊敬し称えて、愛情を送ってください。その人は自分の素晴らしい部分。イメージの神もその一人です。世界中の偉人、賢人、リーダー、最高の選手、無敗の勝者、その全員はイメージ世界では最初から自分に備わっています。その想定がなければイメージすることはできません。彼らに憧れてください。彼らを愛してください。

ほんの一瞬、先にイメージ世界の開拓を始めた者として、その小さな成果を本書でご報告致しました。

# おわりに

物心ついた時すでに怖がりで、運動が苦手で、嫉妬の固まりだった私が、心の仕組みに興味を向けたのは当然の流れだったと思います。そして心の逃げ場所は、ナポレオン・ヒルの『思考は現実化する』やヒックス夫妻の『引き寄せの法則』を始めとするスピリチュアルな成功法則でした。そこに書かれた「意識的に想像した内容が人生を作っている」という内容こそが私の救いの道だと思ったものです。

ところが、それらの内容を実践しようとしても、そこには書かれていない「何か」が私の人生に立ちはだかりました。いくら頑張っても頭痛に阻まれて「良い気分を感じる」ことができない謎の現象を克服しなければ、幸せへのスタートラインに立てないことがわかったのです。そこからは、起きている現象の解明と解決法の開発へ興味が移りました。しかし、イメージ世界の活動の原動力となる、美しいとか愛おしいという感情を感じたことのない私は、長期間ほとんど何の収穫もなく時を過ごしました。

しかし、「自分に起きていることは、どこかで知っていることのはずだ」と思い、決して人生をあきらめませんでした。そして心の仕組みを考えるのがライフワークとなり、50年の歳月が過ぎてやっと、良い気分になるために必要条件がわかってきました。そして、他の人の中にあって、私にはなぜかないと感じていた元気の源泉、力強い生命のエネルギーが自分の中にもあることを実感できました。

世にある成功法則に触れたことのある方は、本書の内容がそれらの素晴らしい情報と不思議なほど矛盾していないことがわかるでしょう。それらに書かれていないこと、すなわちそれを実践できる人とできない人の間隙を埋める知識は、本書にあります。

イメージで人生を変える、という教えには批判もあるでしょう。しかし、それを信じる人の機嫌が良くなり、他人の幸せを願うことになるのなら、特に批判する理由もないはずです。

常識から大きく外れたこのような内容を本にする機会に恵まれたことは、まさに奇跡だと思います。毎日のように何十回と私から同じ内容を聞かされ続けた家族、本書の価値を理解してくださったＢＡＢジャパン、そして最後まで読んでいただきました読者の皆様に心より感謝致します。

**著者◎池上 悟朗** いけがみ ごろう

Qメソッド創案者。三軸自在の会主宰。1961年、三軸修正法開発者・池上六朗の長男として、長野県松本市に生まれる。10歳で原因不明の体の不調から徐々に半身不随となり、余命半年の診断を受ける。その後、様々な治療研究を続け、奇跡的に回復。2012年、感情のコントロール法「Qメソッド」を完成させ、セミナー活動を開始。三軸修正法の講師も務める。著書に『一瞬で「こころ」が整う!』『「機能姿勢」に気づく本』(共にBABジャパン)、DVDに『「機能姿勢」の活用!』(BABジャパン)など。

本文デザイン●根本眞一（クリエイティブ・コンセプト）
装丁デザイン●梅村昇史

# イメージ世界が第一の人生
## “潜在意識”を味方に自己実現！

2024年2月5日　初版第1刷発行

著　者　　池上悟朗
発行者　　東口敏郎
発行所　　株式会社 BAB ジャパン
〒151-0073 東京都渋谷区笹塚1-30-11　4・5F
TEL 03-3469-0135　FAX 03-3469-0162
URL http://www.bab.co.jp/
E-mail shop@bab.co.jp
郵便振替 00140-7-116767
印刷・製本　中央精版印刷株式会社

ISBN978-4-8142-0597-4 C2077